"会通文库"资助项目

德国联邦国防军
Die Bundeswehr

陆巍◎著

时事出版社
北京

前　言

在历史上，德国一直是一个颇具争议的国家。一方面，德国人思维缜密，勤劳务实，早在普鲁士时期就作为后发国家完成了对欧洲传统强国的赶超；另一方面，德国人勇猛好斗，穷兵黩武，短短数十年内发动了两次世界大战，给世界人民带来了巨大灾难。

虽然战争造成的伤痕难以弥合，但是从学术角度而言，无论是克劳塞维茨的《战争论》和毛奇创立的总参谋部，还是施利芬的"施利芬计划"和鲁登道夫的"总体战"，抑或是古德里安的"闪电战"和邓尼兹的"无限制潜水艇战"，都已成为世界军事思想研究的宝库，并由此产生了一系列重要成果。然而，由于二战后西方国家限制德国武力的发展，同时为了避免刺激邻国的神经，德国一直采取较为克制的安全政策，"军事"更是长期成为禁忌话题。随着德国统一后周边安全局势的缓和，德国联邦国防军人数一度缩减到 17 万余人。基于上述原因，统一之后的德国安全战略不再是学界关注的焦点，有关联邦国防军的研究成果也非常薄弱。

近年来，国际安全形势发生了重要变化。随着美国安全政策的调整和部分欧洲国家综合国力的衰退，作为欧盟实际领导者的德国肩负着带领欧洲追求"战略自主"的重任，终于能够开始国家安全战略的主动抉择。作为国家实力和地位象征的联邦国防军也顺势开始了新一轮的军事变革，不仅在人员、经费方面摈弃了传统的"紧缩"政策，在体制调整、装备更新、数字化建设方面也逐渐迈开了步伐。

随着德国安全政策的调整和军事变革的推进，联邦国防军重新引起了世人的关注。在此背景下，本人将近年来对联邦国防军跟踪研究的成果汇集成册，对联邦国防军陆、海、空三大军种以及联合支援部队、中央卫勤部队、网络和信息空间部队三大跨军种联合部队的编制体制、职能使命、武器装备等情况进行了详细介绍，以期从中管窥联邦国防军的建军宗旨和发展方向。

由于当前联邦国防军军事变革仍然处于动态发展之中，本书必然会出现数据更新不及时等问题。此外，由于德汉军语存在较大的表述差异，加之本人才疏识浅，书中难免存在理解和表述错误，恳请读者批评指正。

最后，感谢战略支援部队信息工程大学洛阳外国语学院欧美环太系对本书出版的资助。

目录
Contents

第一章 陆军

陆军司令部 …………………………………………………… 2
陆军发展局 …………………………………………………… 4
　基础合作处 ………………………………………………… 5
　作战继续发展、侦察和支援继续发展处 ………………… 5
　反简易爆炸装置处 ………………………………………… 6
　编制处 ……………………………………………………… 7
训练司令部 …………………………………………………… 8
　步兵训练中心 ……………………………………………… 8
　蒙斯特培训中心 …………………………………………… 10
　工兵训练中心 ……………………………………………… 12
　特种作战训练中心 ………………………………………… 16
　陆军武器技术培训中心 …………………………………… 21

空中机动训练和演习中心……………………………………………… 22
　　陆军作战模拟中心…………………………………………………… 22
　　陆军作战演习中心…………………………………………………… 25
　　国际直升机训练中心………………………………………………… 26
　　陆军军官学校………………………………………………………… 30
　　陆军士官学校………………………………………………………… 31
　　联邦国防军联合国训练中心………………………………………… 33
第 1 装甲师…………………………………………………………………… 35
　　参谋通信连…………………………………………………………… 36
　　第 9 装甲教导旅……………………………………………………… 36
　　第 21 装甲旅…………………………………………………………… 39
　　第 41 装甲步兵旅……………………………………………………… 43
　　第 43 机动旅…………………………………………………………… 48
　　第 325 炮兵教导营…………………………………………………… 49
　　第 610 通信营………………………………………………………… 49
　　第 901 重型工兵营…………………………………………………… 50
　　第 1 作战支援营……………………………………………………… 50
第 10 装甲师………………………………………………………………… 51
　　第 23 山地步兵旅……………………………………………………… 51
　　第 12 坦克旅…………………………………………………………… 55
　　第 37 装甲步兵旅……………………………………………………… 59
　　德法混合旅…………………………………………………………… 63
　　第 131 炮兵营………………………………………………………… 68
　　第 345 炮兵教导营…………………………………………………… 69
　　第 905 工兵营………………………………………………………… 69
快速反应师………………………………………………………………… 70

第1空中机动旅 …………………………………… 71

　　第11空中机动旅 …………………………………… 75

　　特种部队司令部 …………………………………… 76

　　第36武装直升机团 ………………………………… 77

　　第10运输直升机团 ………………………………… 77

　　第30运输直升机团 ………………………………… 78

　　陆军旋翼机系统中心 ……………………………… 78

欧洲军 ………………………………………………… 79

第1德荷军 ……………………………………………… 80

东北多国军 …………………………………………… 81

第二章　海军

海军司令部 …………………………………………… 84

海军第1舰队 ………………………………………… 85

　　第1护卫舰支队 …………………………………… 85

　　第3扫雷支队 ……………………………………… 86

　　支援支队 …………………………………………… 87

　　第1潜艇支队 ……………………………………… 88

　　海军陆战营 ………………………………………… 89

　　海军特种部队司令部 ……………………………… 89

　　海军第1舰队基地司令部 ………………………… 90

　　受限和浅水区作战卓越中心 ……………………… 90

海军第2舰队 ………………………………………… 91

　　第2护卫舰支队 …………………………………… 92

- 第 4 护卫舰支队 …………………………………… 92
- 补给舰支队 ………………………………………… 92
- 海军第 2 舰队基地司令部 ………………………… 93
- **海军航空兵司令部** ………………………………… 94
  - 海军第 3 航空联队 ………………………………… 94
  - 海军第 5 航空联队 ………………………………… 95
  - 海军支援司令部 …………………………………… 95
- **培训机构** …………………………………………… 96
  - 海军军官学校 ……………………………………… 97
  - 海军士官学校 ……………………………………… 98
  - 海军战争学校 ……………………………………… 99
  - 海军技术学校 ……………………………………… 106
- **海军损毁防护作战培训中心** ……………………… 106
- **海军航海医学研究院** ……………………………… 107

第三章 空军

- **空军司令部** ………………………………………… 110
  - 空军部队司令部 …………………………………… 111
  - 空军作战中心 ……………………………………… 111
- **飞行作战部队** ……………………………………… 115
  - 第 31 战术飞行联队 ……………………………… 115
  - 第 33 战术飞行联队 ……………………………… 115
  - 第 51 战术飞行联队 ……………………………… 116
  - 第 71 战术飞行联队 ……………………………… 117

第 73 战术飞行联队……………………………………… 118

　　第 74 战术飞行联队……………………………………… 119

空中运输部队 …………………………………………… 119

　　第 62 空中运输联队……………………………………… 119

　　第 63 空中运输联队……………………………………… 120

　　第 64 直升机联队………………………………………… 120

　　欧洲空中运输司令部 …………………………………… 121

　　国防部飞行保障部 ……………………………………… 122

培训机构 ………………………………………………… 123

　　空军军官学校 …………………………………………… 124

　　空军士官学校 …………………………………………… 126

　　空军训练营 ……………………………………………… 127

　　空军技术培训中心 ……………………………………… 127

　　空军专科学校 …………………………………………… 129

作战指挥编队 …………………………………………… 129

　　第 2 作战指挥处 ………………………………………… 129

　　第 3 作战指挥处 ………………………………………… 131

作战后勤编队 …………………………………………… 132

　　武器系统第 1 支援中心 ………………………………… 133

　　武器系统第 2 支援中心 ………………………………… 134

第 1 防空导弹联队 ……………………………………… 135

　　第 21 防空导弹组 ………………………………………… 135

　　第 24 防空导弹组 ………………………………………… 136

　　第 26 防空导弹组 ………………………………………… 136

　　第 61 防空导弹组 ………………………………………… 137

空军指挥支援中心 ……………………………………… 137

空军目标防护团 …………………………………………… 138

空军航空医学中心 ………………………………………… 138

驻外机构 …………………………………………………… 139

 美国空军战术培训司令部 …………………………… 139

 美国空军反导战术培训与进修中心 ………………… 141

第四章　联合支援部队

联合支援部队司令部 ……………………………………… 144

联邦国防军后勤司令部 …………………………………… 146

 第 161 后勤营 ………………………………………… 147

 第 171 后勤营 ………………………………………… 149

 第 172 后勤营 ………………………………………… 150

 第 461 后勤营 ………………………………………… 151

 第 467 后勤营 ………………………………………… 152

 第 472 后勤营 ………………………………………… 152

 联邦国防军后勤学校 ………………………………… 153

 联邦国防军后勤中心 ………………………………… 155

 第 164 特种工兵团 …………………………………… 157

 联邦国防军车辆管理中心 …………………………… 158

联邦国防军宪兵司令部 …………………………………… 159

 第 1 宪兵团 …………………………………………… 159

 第 2 宪兵团 …………………………………………… 160

 第 3 宪兵团 …………………………………………… 160

 联邦国防军宪兵和参谋学校 ………………………… 161

联邦国防军核生化防护司令部 ………………… **161**
 第 750 核生化防护营 ………………… 162
 第 7 核生化防护营 ………………… 162
 核生化防护与法律保护任务学校 ………………… 163
联邦国防军国土任务司令部 ………………… **166**
联合支援部队局 ………………… **169**
 联邦国防军军犬学校 ………………… 169
 联邦国防军体育学校 ………………… 170
 联邦国防军核查中心 ………………… 170
 联邦国防军信息工作中心 ………………… 171
 联邦国防军军乐中心 ………………… 172
 多国部队作战指挥司令部 ………………… 173
 联邦国防军驻美加司令部 ………………… 173
 联合支援部队驻英代表团 ………………… 174
 联合支援部队驻荷代表团 ………………… 174
 乔治 C. 马歇尔中心德国分部 ………………… 174
 上阿玛高北约学校德国分校 ………………… 175
 联邦国防军标准应用软件联合培训中心 ………………… 175
联邦安全政策学院 ………………… **176**

第五章　中央卫勤部队

卫勤司令部 ………………… **181**
 卫勤行动支援司令部 ………………… 181
 地区卫勤支援司令部 ………………… 188

联邦国防军卫勤学院 ·········· 189
  卫勤快速反应司令部 ·········· 190
联邦国防军医院 ·········· 191
  乌尔姆国防军医院 ·········· 191
  柏林联邦国防军医院 ·········· 191
  韦斯特施泰德联邦国防军医院 ·········· 191
  汉堡联邦国防军医院 ·········· 192
  科布伦茨联邦国防军中心医院 ·········· 192
联邦国防军卫勤研究所 ·········· 192
  联邦国防军预防医学研究所 ·········· 192
  基尔中心卫勤研究所 ·········· 195
  慕尼黑中心卫勤研究所 ·········· 195
  联邦国防军微生物学研究所 ·········· 196
  联邦国防军药理毒理学研究所 ·········· 197
  联邦国防军放射生物学研究所 ·········· 197
联邦国防军运动医学中心 ·········· 197
联邦国防军卫勤监控中心 ·········· 198
  联邦国防军卫勤部队北部监控站 ·········· 198
  联邦国防军卫勤部队南部监控站 ·········· 199
  联邦国防军卫勤部队西部监控站 ·········· 200
  联邦国防军卫勤部队东部监控站 ·········· 201

第六章　网络和信息空间部队

战略侦察司令部 ·········· 205

战略侦察司令部 ··· 205

　　电子战评估中心 ··· 206

　　第911电子作战营 ··· 207

　　第912电子作战营 ··· 208

　　第931电子作战营 ··· 209

　　第932电子作战营 ··· 210

　　联邦国防军战略侦察学校 ··· 211

　　图像侦察中心 ·· 211

　　军事行动交流中心 ·· 212

　　联邦国防军技术侦察中央调查处 ································ 214

信息技术司令部 ·· 214

　　信息技术司令部 ··· 214

　　信息技术系统运营中心 ·· 215

　　资深德国军官/北约第一信号营德国分队 ······················ 216

　　第281信息技术营 ·· 217

　　第282信息技术营 ·· 217

　　第292信息技术营 ·· 218

　　第293信息技术营 ·· 219

　　第381信息技术营 ·· 219

　　第383信息技术营 ·· 220

　　联邦国防军信息技术学校 ··· 221

　　联邦国防军网络安全中心 ··· 221

地理信息中心 ·· 223

参考文献

第一章 陆军

陆军是德国联邦国防军人数最多的军种，目前编制约6.2万人。陆军的最高指挥官为陆军监察长，他和两位副监察长共同构成了陆军的最高指挥层。陆军监察长为中将军衔，副监察长与监察长军衔一致，参谋长为少将军衔。

陆军司令部

联邦国防军陆军司令部（Kommando Heer）成立于 2012 年 12 月 1 日，总部位于斯特劳斯贝格（Strausberg）。陆军司令部是在联邦国防军军事变革中由联邦国防军原三大核心机构陆军指挥参谋部、陆军指挥司令部以及陆军局联合组建而成，因而承担多重职能。作为陆军唯一的高级指挥部，陆军司令部既是陆军监察长的参谋部，也是陆军监察长的计划、指挥、控制和检查机构，同时还作为联络机构，负责与联邦国防部及其他军种高级指挥部商洽涉及陆军的相关事务。

作战部司令、多国部队德国分队/军事基本组织司令协助陆军监察长对陆军的指挥工作。作战部司令主要负责指挥其下辖的第 1 坦克师、第 10 坦克师、快速反应师、德法联合旅。陆军发展局和训练司令部及其下属机构组成陆军的军事基本组织，与多国部队德国分队一样，隶属于多国部队德国分队、军事基本组织司令。陆军司令部下辖单位具体包括：

- 陆军发展局；
- 训练司令部；
- 陆军联络部；
- 陆军作战师；
- 德法联合旅德国部队；
- 隶属于德国陆军的北约及多国部队德国分队；
- 美国驻欧陆军德国分队。

陆军司令部的业务工作由其下属的局、处、科按照各自的业务方向承担，其目前下辖4个业务局：

一局为作战、军事情报和培训局，分为作战处、军事情报处和培训处。作战处主要负责陆军的作战物资和人员准备，具体包括陆军作战基本任务、作战计划指示和要求、作战计划执行与评估。军事情报处负责陆军的情报工作和装备管理。培训处负责陆军的培训及监督。

二局为计划和国际合作局，分为计划处和国际合作处。计划处主要负责在联邦国防军规划框架内制定陆军的发展规划。此外，陆军中期发展规划、经费需求分析、资源规划以及未来能力发展规划也由计划处负责。国际合作处主要负责部队指挥基本原则制定以及陆军国际合作事务的计划和协调工作。

三局为人事、编制和部队心理局，分为人事处、编制处和心理处。人事处主要负责陆军的人事政策制定和人事管理。编制处负责制定和修改陆军的编制原则、人事和编制的结构规划，并对其实施情况进行监督。心理处主要负责为陆军领导提高全方位的心理咨询。

四局为支援和消费品管理局，下辖指挥支援处、后勤/消费产品管理处、行政/预算处以及独立的卫生勤务科。支援和消费品管理局局长以陆军监察长的名义对陆军基本事务、后勤和指挥支援方面指挥任务的执行情况进行引导和监督。此外，支援和消费品管理局还对陆军后勤事务、卫生管理、行政和预算事务进行专业指挥。

除上述4个业务局之外，陆军司令部还下辖一个独立的中心目标控制处，由战略目标控制科（StratZS）、中心事务和监督科、柏林办公室三个机构组成。战略目标控制科负责为陆军领导层撰写讲话稿和报告。中心事务和监督科负责陆军指挥层及其重要的指挥和决策小组活动的计划和组织、国内外高级别访客对陆军指挥部的访问等。除受参谋长委托负责其他中心事务之外，该处还需为陆军领导层的监督提供支持。柏林办公室扮演陆军常设联系机构的角色，主要受陆军监察长的委托，负责与国防部之间的信息交流,并代表陆军与其他政治组织、议会、科学及工业部门、武官处等机构建立联系。为了保证对以海外派兵为目的的改革进行及时的管理,陆军监察长还临时配备了陆军变革管理科,其主要任务一方面是对陆军军事变革措施进行控制、协调和监督;另一方面是对陆军的项目进行监督。

陆军信息工作由独立的媒体和信息中心负责协调,主要包括陆军新闻、公关、传媒等主要工作。此外,中心还需要负责陆军各级部门的信息协调工作。

法律指导顾问处是陆军监察长的直属单位,负责为陆军司令部及其未设法律顾问处的下辖单位提供法律指导。法律指导顾问处的职员全部有能力担任法官职务,他们被指定兼任军纪律师,负责司令部的司法惩戒诉讼程序。此外,他们也会随部队一起执行外派任务,为其提供法律咨询服务。

参谋本部负责参谋部所有士官和士兵以及参谋本部军官、士官及士兵的指挥,其核心任务是保证陆军司令部参谋部及参谋本部随时做好人员和物资准备。

陆军发展局

陆军发展局(Amt für Heeresentwicklung,AHEntwg)成立于2013年6月27日,总部位于科隆(Köln),局长为少将军衔,参谋长兼副局长为准将军衔。陆军发展局的任务主要取决于陆军的发展要求。根据陆军司令部有关规定,陆军发展局从整体上确定陆军规划、训练、组织和物资计划、继续发展方向等。陆军发展局与联邦国防军各军种专业部门合作,明确陆军未来必须具备的能力基础,并以此为依据,继续发展现有能力,通过整合使得陆军具备面向未来战争的能力。陆军发展局从专业角度确保陆军参与一体化的规划流程以及更新版客户产品管理流程,进而与联邦国防军规划局(PlgABw)、联邦国防军装备、信息技术和采购局(BAAINBw)以及其他军种(milOrgBer)司令部/能力司令部开展合作。陆军发展局的工作重点是使陆军在拥有特定能力和专业知识的同时,又要具备指挥、侦察、影响及支援等能力,还要将其纳入一体化规划流程,或者通过陆军全权代表加入更新版客户产品管理流程的一体化项目组。此外,陆军发展局还在各军种共同事务和协调过程中代表陆军的利益。为了确保各项任务顺利完成,陆军发展局下辖5个处,分别是基础合作处(Gdlg/Quer)、作战继续发展处(WE Kpf)、侦察和支援继续发展处(WE Aufkl/Ustg)、反简易爆炸装置处(C-IED)以及组织处。

基础合作处

基础合作处由规划指挥、培训、组织以及物资规划四个部门组成,一方面负责陆军的能力规划,保证陆军发展局参与一体化的规划流程,承担陆军发展局跨兵种或者跨部门工作;另一方面还承担各军种中尚未形成对应能力任务范围的项目制定,如陆军电子战、伪装或诱骗等。此外,基础合作处还负责为陆军能力继续发展制定框架规定,并负责跨兵种能力建设和发展项目。

作战继续发展、侦察和支援继续发展处

作战继续发展、侦察和支援继续发展处负责陆军规划的制定和继续发展工作,同时确定陆军兵种专业方向、发展重点以及发展举措等框架

条件，并与基础合作处协调，确定陆军继续发展的总体方向。目前陆军的13个兵种已整合为9个新的兵种，分别是装甲部队（坦克部队和装甲部队）、步兵（步兵、山地步兵、空降步兵）、陆军航空兵、陆军侦察兵、炮兵、工兵、陆军后勤兵（补给兵和维修兵）、通信兵、陆军卫生勤务兵。各兵种负责人负责相关兵种的继续发展方向。各兵种可以使用规划/指挥、训练、组织、物资等部门的一切资源，以实现各兵种的继续发展。各兵种的职责包括在其职权范围内确定各自的发展方向和重点，同时确保参加联合规划流程（IPP）及相关项目；独立制定自身发展方案，明确兵种防务物资发展的条件，并对陆军在军种协同行动或者多国联合行动中的角色进行评估；制定作战和训练原则，确定行动需求，制定落实方案。特别是在物资发展方面，各兵种责任重大，扮演着联合项目组陆军全权代表的角色。联合项目组是联邦国防军未来装备项目的核心，贯穿从分析到评估的始终。在整个产品循环过程中，项目组陆军全权代表始终是项目组的组成部分之一，在具体装备项目的发展、采购、实现过程中负责陆军兵种能力的发展，并代表陆军的整个利益。

反简易爆炸装置处

在联邦国防军参加驻阿富汗国际安全援助部队（ISAF）期间，联邦国防军就一直承担反简易爆炸装置这一任务。在联邦国防军的转型过程中，反简易爆炸任务于2012年2月1日移交给陆军发展局第4处——反简易爆炸装置处。自2013年4月1日起，该处的业务范围拓展到整个联邦国防军。反简易爆炸装置处下设4个科，分别是分析和评估科、规划科、基础/继续发展科、情报科。反简易爆炸装置处的具体工作包括对与全球（反）简易爆炸装置形势的有关情报进行分析评估，确定简易爆炸装置的发展趋势。具体而言，反简易爆炸装置处既要调查简易爆炸装置的特定威胁状况和影响方式（技术、战术及方式），也要研究潜在的非对称威胁和混合威胁。反简易爆炸装置处的业务核心是反简易爆炸装置能力的继续发展、培训、物资和装备建设,既要制定基本方案和规定,也要进行国家反简易爆炸装置课程培训,还要在北约、欧盟的国际会议中代表德国利益,并定期派遣相关人员参与联邦国防军的军事行动。

编制处

编制处是陆军司令部编制处的下属专业机构,它根据陆军监察长有关陆军编制任务工作的指示,协助陆军司令部编制处的工作。编制处分为3个小组和1个独立科。

编制基础组根据陆军司令部规定,就专业任务制定编制基础和合作规定。根据编制处总体流程和质量管理规定,对编制规划的流程和产品进行监督分析,确定质量标准,制定优化措施,保证编制质量。在结构规划流程的子流程"确定大体结构"和"实现结构优化"方面,编制基础组协助陆军司令部对陆军的整体结构做出规划,并严格按照不同兵种的专业意见,进一步优化编制结构。为了实现结构最优化,编制基础组需要制定陆军结构的落实方案,并协助陆军司令部对具体过程进行监督。在人事条例方面,编制基础组负责进一步发展和维护陆军的人事组织基础和流程。

标准编制组负责陆军标准编制以及岗位和物资材料规划的制定和修改,并对标准编制的落实情况进行监督。此外,在预算部门同意的前提下,标准编制组与国防部相关机构以及陆军司令部等部门就核定物资的具体规划展开磋商。

陆军标准应用软件产品家族(SASPF)使用编制组负责制定标准应用软件产品家族的使用基础和合作规定,明确陆军在跨军种事务中的利益,并就使用者的指导和使用管理等事务进行协调。此外,使用编制组还需确定陆军的实际编制结构,并将其写入标准应用软件产品家族系统。

训练司令部

训练司令部（Ausbildungskommando）成立于2013年7月，总部位于莱比锡（Leipzig），负责陆军的专业训练任务。训练司令部一方面对德国陆军的个人训练、团队训练、多军种训练进行规划，另一方面负责陆军训练的国际合作和训练支持，同时为陆军训练机构的演习提供支援。此外，训练司令部负责德国陆军在军官学校、士官学校以及培训中心和兵种学校的指挥官训练、进修的组织规划。

训练司令部目前下辖以下训练中心：

步兵训练中心

步兵训练中心（Ausbildungszentrum Infanterie）位于巴伐利亚州哈梅尔伯格（Hammelburg）地区，是德国陆军步兵的训练中心，下辖山地作战训练基地、冬季作战训练基地、空降和空运训练基地以及第二候补军官营。

步兵训练中心是步兵现役军官和士官训练和进修、空军步兵目标防护以及海军陆战队（Marineschutzkräfte）的训练中心，主要通过多种课程对联邦国防军不同级别的军事指挥官进行训练，并在演习期间向其介绍步兵训练的基础知识。步兵训练中心的训练重点是海外派兵要求、作战经验和能力等。训练中心教官业务素质高，训练经验丰富，训练设备先进。训练中心可以根据训练需要进行组织结构和基础设施建设，以满足日常训练要求。在"教育、训练和进修网"框架内，步兵训练中心会与一线部队、联邦国防军外的合作伙伴、伙伴国武装部队的代表保持经常性对话，以促进训练工作的灵活、快速发展，并在一定程度上保证训练的质量。

步兵训练中心分为三个部门，分别是教学训练处、第二候补军官营和支援处。教学训练处处长由训练中心副主任兼任，该处是训练中心的核心机构，包括总部哈梅尔伯格的两个教导营以及分别位于阿尔滕施塔特和米滕瓦尔特地区的两处训练基地。教导营负责对陆军步兵指挥官和空军目标防护部队进行培训。阿尔滕施塔特训练基地负责为空降和空军部门的官兵提供培训。米滕瓦尔特培训基地主要负责山地和冬季作战的专业培训。此外，部队还在步兵演练中心和指挥所演习模拟系统基地（SIRA）开展训练。步兵训练中心的第二大机构是第二候补军官营，驻地位于哈梅尔伯格。第二候补军官营的重点是为候补军官开设课程，即为新加入联邦国防军的青年候补军官进行军事基础知识培训。此外，该营还通过其他应用课程为整个陆军的军官培训提供支持。步兵训练中心的第三大机构是支援处，主要负责物资、训练手段的供应，并在必要情况下为哈梅尔伯格、米滕瓦尔特和阿尔滕施塔特等地区的基地提供人力支援。

山地和冬季作战训练基地

山地和冬季作战训练基地是陆军山地部队中心训练机构，也为整个联邦国防军的山地作战、极端地形以及特殊环境中的营救工作提供训练。基地共开设35门课程，每年约有2000名联邦国防军学员以及超过30个国家的300多名外军学员参与课程培训。训练基地国际化导向明确，如陆军登山向导训练以及陆军高山专业人才训练都是由基地和奥地利山地作战中心联合实施。

山地和冬季作战训练基地隶属于步兵培训中心教导/训练处，是山地和冬季作战能力中心，负责军人个人训练的课程培训。基地还负责陆军山地军官训练、山地步兵部队候补军官培训、候补士官培训、陆军高山特种兵培训、山地生存课程、陆军部队山地特训等。为了完成上述任务，基地下设一个参谋排、第8教导连以及训练和咨询组。第8教导连负责个人和指挥官课程培训。训练和咨询组负责步兵连、海军警戒连、空军目标防护连在极端天气和复杂环境中的作战训练。此外，训练和咨询组还为山地工兵营提供必要的专业知识支持。

空降和空运训练基地

空降和空运训练基地是联邦国防军空降、空中运输以及跳伞训练基地，负责提供伞兵课程、空中运输课程训练。为了更好地进行军用、民用飞机及直升机的跳伞培训，基地可以使用军营附近的阿尔腾施塔特陆军机场。为了保证跳伞和空中运输培训安全，阿尔腾施塔特基地旁边还设置了消防站和卫生保障中心。

第二候补军官营

第二候补军官营位于哈梅尔伯格，是蒙斯特（Munster）第一候补军官营之外德国陆军又一个军官培训机构。在培训的前半年，第二候补军官营主要为军官、候补军官、士官及候补士官提供应用课程培训；后半年主要为陆军候补军官提供候补军官培训课程。

蒙斯特培训中心

蒙斯特培训中心位于下萨克森州蒙斯特市，其下属机构包括蒙斯特装甲部队和陆军侦察部队训练处、易达尔—奥贝施泰因（Idar-Oberstein）多军种联合战术火力支援/间接火力支援训练处以及蒙斯特第1候补军官营。培训中心训练处主要负责坦克部队、装甲部队、陆军侦察部队、炮兵部队的指挥后备力量课程训练，候补军官营则负责德国陆军军官后备力量的基础训练。

蒙斯特坦克部队训练处

坦克部队训练处负责为坦克和装甲部队的中士和军官提供课程培训；在二级下士、中士训练以及预备役训练框架下为职业升迁培训提供一般性军事课程。坦克部队射击演练中心提供为期两周的指挥官培训，其中既包括指挥官课程和部队一般课程的联合训练，也包括坦克和装甲加强连的实弹射击以及海外军事行动准备训练。

蒙斯特陆军侦察部队训练处

陆军侦察部队训练处是蒙斯特训练中心的重要组成单位，为陆军侦察部队提供全方位复合培训。训练处以联合侦察和综合能力培养为导向，为受训人员集中提供综合能力培训。训练内容包括士官、排长、连长、营长的能力培训和进修，具体包括：规划、指挥和评估；机动侦察；徒步侦察；战场雷达侦察；空中无人侦察；野外侦察；远程侦察。

野外情报侦察训练是涵盖整个联邦国防军的重要训练科目。因此，海军和空军也在陆军侦察部队训练处受训，同时还派人担任野外情报教导连的课程培训教官。军官和士官课程主要介绍陆军侦察部队的装备系统，重点是拓展自身视野，培养各部队跨军种思维和行动能力。野外情报侦察训练也包括面向海外派兵的课程，目的是使陆军侦察部队官兵对海外派兵行动做好充分准备。此外，训练处还负责"阿拉丁"（ALADIN）小型无人侦察机和"米加多"（MIKADO）无人机的培训工作。

多军种联合战术火力支援/间接火力支援训练处

易达尔—奥贝尔施泰因多军种联合战术火力支援/间接火力支援训练处是陆军非直接火力中心培训机构，为军官、候补军官、预备役军官、预备役候补军官以及士官提供职业升迁课程、应用课程及特殊课程训练。训练处作为多军种联合战术火力支援/联合火力支援的训练机构，还为多军种联合战术火力支援的作战准备提供培训和进修。

蒙斯特第1候补军官营

蒙斯特第1候补军官营是除哈梅尔伯格第2候补军官营之外，德国陆军军官培训框架体系内又一个负责提供候补军官课程以及新型作战生存课程（Überleben im Einsatz-modifiziert，ÜLE-M）培训的机构。第1候补军官营前半年的主要培训任务是为军官、候补军官、中士、候补中士提供新型作战生存课程训练；后半年主要为陆军候补军官提供候补军官课程训练（Offizieranwärterlehrgang，OAL）。

工兵训练中心

工兵训练中心（Das Ausbildungszentrum Pioniere，AusbZPi）成立于1956年3月22日，总部位于巴伐利亚州因戈尔施塔特（Ingolstadt）地区，是德国陆军工兵部队的中心培训机构。中心负责为联邦国防军所有部队提供工兵培训、基础设施培训、焊接专业培训、野营建设培训、工兵机械培训、爆炸物预防培训。中心每年为约2100名学员提供145种不同课程的培训，以帮助其适应海外派兵的要求。中心下辖的参谋部、教学训练处、支援处以及北约军事工程卓越中心（MILENG COE）能够保证培训工作的顺利完成。

位于英戈尔斯塔特以外的训练机构对于工兵的训练也起到了很好的辅助作用。如位于巴登·符腾堡州斯特滕（Stetten a. k. M.）的军械防务训练基地及其附近的部队演习场为训练和演习提供了良好的环境，很多与课程相关的训练、作战准备、演习等科目，都需要在该地完成爆破和射击流程。基地先进的爆破场所保证了在使用高爆炸药时，也能够完成军械防御的爆炸技术训练和演习。

从组织架构上看，工兵训练中心下辖参谋部、教学训练处、陆军建筑技术和建筑中心专科学校、建筑维修中心、军械防御训练基地、支援处和北约军事工程卓越中心。

参谋部

工兵训练中心主任既是训练的指挥官，又是联邦国防军高级联合工程师，还是工兵部队的将官。参谋部在上述业务方面为中心主任提供建议与支持，一方面负责基本管理领域的指导和协调，另一方面从行政管理方面为中心的任务完成创造条件。

参谋部还负责与法国、英国、荷兰、美国、瑞士、奥地利等国家保持长期的伙伴关系，以促进工兵力量投入、军械防御继续发展等特种项目方面的经验交流。此外，参谋部还通过双边合作与全世界多个国家开展经验交流，以展示德国工兵的能力和手段，并学习其他国家的经验。工兵训练中心参谋部与奥地利及瑞士工兵部队在爆破及潜水培训方面同样存在深入交流。总之，通过国际合作取长补短，促进自身发展，一直是工兵训练中心参谋部的主要任务。

教学训练处

教学训练处是工兵训练中心的核心组成部分，其主要任务是对军官、士官及专家进行培训，保证工兵部队的专业化训练。在教学训练处的所有训练工作中，后备指挥员培训是重点科目。除了培训技术能力之外，教学训练处还要进行组织、规划、人员管理、团队意识以及指挥员责任感等方面的培训。教导连对担任班长、排长的士官进行培训，使其能够符合相应的岗位要求。长达1年的军官培训主要目的是保证其未来担任班长或者步兵顾问时的行动安全。此外，教学训练处还对可能担任工兵连长、营长的军官进行针对性培训。指挥员培训和专家培训齐头并进，由不同的教导连负责，主要是进行面向整个联邦国防军的工兵潜水训练、爆破培训、焊工培训、野外安营培训、工兵装甲和非装甲建筑器械操作许可培训，如挖掘机、扫雷车、快速建桥车、工兵装甲车等。课程战术训练的核心是部队专任教师，他们可以根据作战部队对工兵的要求，并结合具体实践，介绍作战原则，确保受训者作为未来的工兵指挥员能够更好地应对未来的任务。

陆军建筑技术和建筑中心专科学校

陆军建筑技术和建筑中心专科学校是联邦国防军建筑技术培训、进修以及基础设施方面的中心培训机构。学校已获得国家认可，有权授予"国家认证的建筑工程师"或者"混凝土和钢筋混凝土专业工人"等国家职业资格证书。一些应用课程如环境保护、作战工兵侦察、石油损毁预防也属于学校的培训领域。此外，学校还承担外国军人在军事方面的培训任务。

建筑维修中心

建筑维修中心位于明克斯敏斯特（Münchsmünster），是建筑维修领域的培训和进修中心机构。它包含建筑行业的所有必要领域，如砖石和混凝土工程、建筑锁匠、木质结构、屋顶维修、安装工作和电气安装等。建筑维修中心还为荷兰、英国、美国等国家进行官兵培训，使其能够更好地应对未来任务。

军械防御训练基地

军械防御训练基地位于斯特滕,是联邦国防军军械防御及军械侦察训练的支柱机构。基地课程丰富,培训范围涵盖军官和士官培训、特种车辆及特殊装备操作人员专业课程、军械防御军官培训等,作战过程中的最新信息也会及时在课堂教学中得到应用。训练基地设备先进,遥控探测车、金属探测器、移动 X 射线系统等都是标配装备,其国际公认的高质量军械防御训练能够保证部队任务的顺利完成。为了保证工兵部队训练满足未来军事行动需要,训练基地专门建设了演习中心,以方便工兵营的军械防御部门进行演习和评估。军械防御文献中心还为军械防御部队提供训练、继续发展等方面的信息,以满足其军械防御任务要求。此外,基地还备有多种弹药模型,专门用于部队日常训练。军械防御训练基地的作战连设有具备特种能力的即战型部队,他们在核生化武器防护以及探测犬探测方面能力突出。

支援处

支援处负责中心训练以及日常营运工作,如物资准备、专业媒体中心运营等。此外,支援处还配有支援部队,负责为驻非洲的顾问团队提供物资保障。训练所需要的物资,包括武器弹药、工兵车、运输补给车等均由支援处规划和派遣,工兵车驾驶员以及训练保障人员选派也由支援处负责协调。专业媒体中心主要负责提供文字、图片和视频以及现代化多媒体设备,以满足中心的训练和教学要求。

北约军事工程卓越中心

北约军事工程卓越中心是北约的军民合作机构,位于因戈尔斯塔特。中心由来自 17 个国家的代表组成,主要目标是融合多个国家的工兵专业知识,以服务于北约的转型。每年有超过 300 名成员参加中心的课程、研讨会、讲习班及专家对话,他们都来自北约及其友好国家,涵盖从士官到将军等不同层次人员。此外,中心还作为智库负责领导制定北约工兵文件和方案,也会就作战和联盟防御中的工兵能力展开研究。

特种作战训练中心

特种作战训练中心始建于1979年7月12日,总部位于普富伦多夫(Pfullendorf),是负责为联邦国防军特种部队和专业部队进行课程培训的中心机构,同时也根据谅解备忘录为国际层面的特种部队和类似部队提供培训和进修。通过融合不同军队的专业知识,中心可以为所有成员国新一代精英部队的训练和使用计划提供新的思路。

特种作战训练中心的任务主要包括:

• 北约部队医疗服务、射击理论和技术、城市作战、被俘生存及行为等方面培训;

• 特种部队和专业部队卫生勤务、被俘生存及行为、指挥和作战培训;

• 陆军专业部队为期6个月的模块化基本能力拓展培训;

• 空降步兵士官后备力量以及特战司令部后备力量模块课程培训;

• 参与制定和修订课程培训目标;

• 代表特种作战训练中心的利益,参加国内和国际跨军种合作项目;

• 继续发展国际特种部队训练,与友好国家制定共同培训方案和程序;

• 执行跳伞任务;

特种作战训练中心设有4个教导连、特训连、支援处、参谋部、部队专业教室以及课程规划和管理处,为日常训练提供支持。此外,训练中心还配有特种作战演习中心。

第 1 教导连

第 1 教导连的正式名称为国际特训中心（ISTC），主要负责为比利时、德国、希腊、意大利、荷兰、挪威、土耳其和美国等 8 个国家的特种部队和专业部队提供课程培训。根据承担课程的不同，国际特训中心可以分为医学科、战术科和规划科。医学科的课程有两类，一类是北约特别行动高级急救人员课程（NSAFR），另一类是北约特种作战部队医学课程（NSOCM）。前者主要是医疗培训课程，如高级医疗急救员、战术作战护理员培训和高级伤亡保障课程等；后者自 2016 年以来一直负责北约特种作战医疗课程培训。战术科分为狙击手课程和战斗课程，前者负责提供狙击手、高角度城市狙击手、城市狙击手、沙漠狙击手和不稳定平台狙击手课程，部分课程选择在奥地利阿尔卑斯山、西班牙、希腊的特种训练机构和德国的部队演习场进行，后者包括战斗射击技术、近距离战斗城市作战技巧等。规划科的课程包括特种行动任务组行动培训课程、俘后应对课程（CAC）、军事援助课程等。自 2017 年以来，国际特训中心已经获得了北约质量认证。

第 2 教导连

第 2 教导连的主要任务是培养特种部队和专业部队生存、隐蔽、抵抗、逃生（SERE）以及急救能力。具体课程包括针对特种部队和专业部队指挥员的生存、隐蔽、抵抗、逃生能力 C 级生存训练，生存、隐蔽、抵抗、逃生教官培训，涵盖从 A 级训练到 C 级演习的作战急救卫生课程。卫生课程对特种部队和专业部队人员进行 3 级急救培训，培养其在军事行动中的医疗卫生能力。在要求极高的生存、隐蔽、抵抗、逃生培训中，课程参与者需要面临在孤身一人情况下独自生存的境况，其中既包括生存技巧和北约的标准化生存知识，也包括被俘后或者孤身的情境行为，最终目的是培养他们逃生并重返部队的能力，这种能力在特种部队和专业部队的国际行动中不可或缺。

第 3 教导连

第 3 教导连主要负责为具备拓展性基本能力（EGB）的陆军专业部队进行课程培训，目的是弥补特种部队和专业部队之间的能力差距。课程为期 6 个月，具体包括近战基本模式、射击技术、战斗演习射击、A 级战斗急救员培训（第 2 教导连）、C 级生存、隐蔽、抵抗、逃生课程（第 2 教导连）、城市进攻技巧、巡逻、具备拓展性基本能力的陆军专业部队水上渗透、任务规划。第 3 教导连针对具备拓展性基本能力的军人所开设的课程主要涉及近距离作战、静止和移动目标连续射击技术、快速反应战斗射击、从不同平台以及船只上的射击、巡逻规划及具体实践等。

第 4 教导连

第 4 教导连于 2015 年 7 月由阿尔滕施塔特的空降和空运学校迁至普夫伦道夫。该连主要负责为联邦国防军各军种飞行人员进行生存、隐蔽、抵抗、逃生领域课程培训，保证联邦国防军飞行部队随时做好行动准备。因此，第 4 教导连同时也是一个重要的联络单位，它与空军军官学校、中心医疗服务卫生学院合作，为不同的军官课程讲授高度压力下的指挥技巧。

基于第 4 教导连训练任务的跨军种特征，其成员既有陆军，也有空军，这也是联邦国防军中一道独特的风景，保证了联邦国防军培训中心的一体化。

飞机乘员的培训课程包括：

- 飞机乘员生存、隐蔽、抵抗、逃生 C 级空军/海军基本模块；

- 飞机乘员生存、隐蔽、抵抗、逃生 C 级陆军基本模块；
- 飞机乘员生存、隐蔽、抵抗、逃生 C 级空军/海军补充模块；
- 飞机乘员生存、隐蔽、抵抗、逃生 C 级陆军补充模块。

候补军官培训包括：

- 空军军官生存/作战课程；
- 卫生勤务军官生存课程。

第 209 特种训练连

第 209 特种训练连主要为空降部队以及特种部队司令部的中士后备力量提供培训。这种人才培养模式有利于联邦国防军快速反应师以及特种部队司令部的后备力量建设，根据这种模式，候补中士在 36 个月的培训之后可以成为空降士官。培训具体包括：

- 候补中士/候补士官课程模块 1-3；
- 部队训练；
- 岗位训练；
- 中士课程军事部分；
- 特种作战基础课程；
- 特种作战中士课程。

自 2014 年 1 月起，训练的前 6 个月由陆军分 3 个模块进行统一执行：

- 模块 1：2 个月的基础训练；
- 模块 2：1 个月的能力训练，主要为部队生活积累经验；
- 模块 3：3 个月的基础及部分候补士官/候补中士课程，重点是作战、新的射击训练方案、内心引导以及武器装备训练。

支援处

支援处直属于特种作战训练中心主任,主要负责为特种作战训练中心提供内部和外部支援,保证教学训练及日常运营,并按照规定要求及框架条件对物资管理方面的方案措施进行调整和监督,确保支援任务顺利完成。

特战训练中心

特战训练中心是为特种作战部队训练提供支援的训练机构。在其权利范围内,特战训练中心也可以为特战部队以外部队单位的训练、进修及继续教育提供支援。

为了更好地完成特战训练任务,特战训练中心通过严格的训练流程实现了计算机辅助训练和部队训练的融合。中心通过建设性模拟、虚拟模拟和战斗演习(实时模拟)之间的相互辅助和支持,为指挥员、参谋部及部队提供决策依据,并对指挥效果进行探讨。中心具有实际训练场地或者作战空间地理数据基础的特定级别模拟系统,能够为训练活动提供全方位支持。

特战训练中心训练类别包括:

指挥训练。指借助计算机辅助功能,包括(北约)秘密级以下的演习内容,可以同时运行两个独立的指挥所网络。指挥训练首先训练的是指挥原则,如陆军指挥流程或者北约特种部队和专业部队的惯用流程。

参谋部训练。使用指挥所演习模拟系统的计算机辅助框架训练。在参谋部训练中,指挥员及其参谋部作为主要训练主体承担其各自职能,对作为次要训练主体相互合作的下属单位进行指挥,实现结构性模拟。参谋部训练也可以同时使用北约秘密级以下的指挥所网络。模拟程序和IT 程序也覆盖演习部队距离较远的指挥所。技术基础设施和 IT 程序都要根据特种部队和专业部队的要求量身打造。

部队演习。使用模拟的计算机辅助战斗演习。模拟系统 VBS3 目前已投入使用,它允许使用标准流程和作战原则,并提供高质量的评估选项,有目的地准备战斗演习。根据用户要求,部队演习可以在与演习真实地形相似的虚拟地形中开展。

陆军武器技术培训中心

陆军武器技术培训中心(Das Ausbildungszentrum Technik Landsysteme)成立于 1956 年 5 月 2 日,总部位于北莱茵·威斯特法伦州的艾诗瓦尔乐(Eschweiler),下辖机构分布于亚琛及其周边的 4 处军营,目前有大约 550 名军人和 130 名文职人员。作为陆军武器技术培训和能力中心,陆军武器技术培训中心包含了教学和军事行动检验的所有传统要素。培训中心每年需要举行 260 余种类别的训练,涵盖 500 种以上课程。

陆军武器技术培训中心的主要任务包括:

- 陆军武器维修部队人员培训;
- 联邦国防军全军弹药技术及弹药安全基础训练和装配培训;
- 陆军技术专科学校跨军种专业培训;
- 对军事行动技术后勤准备情况进行检查,保证陆军武器及弹药安全,做好军事行动准备工作;
- 根据《职业培训法》规定,对汽车机械师、电子工程人员进行双轨制职业培训。

陆军武器技术培训中心主任由陆军后勤部队司令兼任,目前下辖 3 个处,分别是教学训练处、技术后勤处和支援处。教学训练处又分为教学/训练组、第 1 教导连、第 2 教导连以及陆军技术专科学校。技术后勤处分为 4 个科,1 科负责指挥、侦察和电子战;2 科负责支援、持续能力和机动性;3 科负责特种专业技术和弹药技术;4 科负责作战效果。

支援处分为6个科，分别负责物资供应、物资准备、物资保养、后勤评估、专业媒体中心和车辆协调。

空中机动训练和演习中心

空中机动训练和演习中心（Ausbildungs- und Übungszentrum Luftbeweglichkeit）成立于2016年7月2日，总部位于下萨克森州策勒镇（Celle），编制为168人。中心主要发挥顾问和支援作用，其所有训练和演习均由主管的指挥官或者训练首长负责。参演部队、国际直升机培训中心个人课程培训单位，包括参训人员、必要的物资装备以及后勤支援都要部署到空中机动训练和演习中心。中心以此为基础，保证训练的顺利进行，并在训练准备、实施、评估以及善后方面为参训部队提供建议。根据参训部队的申请，中心可以在参与人员培训、运输空间要求等方面积极提供支持。

陆军作战模拟中心

陆军作战模拟中心（Gefechtssimulationszentrum Heer，GefSimZH）始建于1997年，总部位于巴伐利亚州维尔德弗莱肯（Wildflecken）地区。中心主要负责在电脑辅助演习准备、实施和评估过程中为所有军种部队提供支持和跨军种服务，一方面负责部队指挥、战术、指挥和作战原则继续发展等方面知识的获取和应用；另一方面负责开发使用新的模拟系统，为陆军模拟系统提供模拟环境数据基础，并参与模拟系统环境的继续发展。此外，中心还为联邦国防军的军事行动准备提供支援，并在承担陆军模拟系统地缘信息任务中承担领导者角色。

陆军作战模拟中心主要分为5个部门，分别是控制/费用及效益责任处、参谋部、演习处、基础处、模拟和信息技术处。

控制/费用及效益责任处

控制/费用及效益责任处（AbtContr/ KLVist）负责费用及效益责任相关规定的落实以及陆军作战模拟中心的总体控制，分析作战模拟中心的运行和工作流程。除进行费用及效益计算之外，责任处就相关问题向部门主管提供建议，就完善建议及外军演习部队的投影操作台等设备费用进行计算评估，为指挥层面的决策提供依据，同时提升相关部门的节约和效益意识。

参谋部

陆军作战模拟中心参谋部分为人事参谋处、情报参谋处、指挥/组织和训练参谋处、后勤参谋处。指挥层面的任务由模拟和信息技术运营处的专业人员承担。

在陆军作战模拟中心的日常运转方面，参谋部在指挥、训练及供给领域为陆军作战模拟中心主任提供支持，一方面为主任提供信息和建议，准备命令和决议；另一方面受主任委托下达命令，并对执行情况进行监督。在内心引导、军人条例、政治教育、信息和公共事务及数据保护方面，参谋部也要为中心主任出谋划策。军官、士官、普通士兵及文职人员的评估、投诉及规章制度等人事事务也属于参谋部的业务范畴，人员和物资安全等任务同样由参谋部负责协调处理。陆军作战模拟中心的自我供给也由参谋部进行规划、制定和监督，以保证中心的物资安全。

在具体业务方面，参谋部需就演习的计划、准备和实施为参演部队提供建议和支持，同时还需对作战模拟中心的人员培训和进修进行规划、控制和监督，如课程培训、预算使用等。此外，参谋部与参演方、指挥部等部门就演习方案及其他计划进行协调，并在现实生活支持方面向训练部队提供建议，在演习准备和实施阶段承担现实生活支持任务。

在工作室、研讨课、课程实施、国内外访问等方面，参谋部与部门领导及参加单位配合完成准备、实施和善后工作。

演习处

演习处由演习准备处、演习实施处以及演习评估处组成，主要负责在计算机辅助演习的准备、实施和评估等方面为本国和多国司令部/参谋部的内容规划、组织准备以及实施和评估提供支持，并针对多国联合行动中所使用的作战演练模拟系统向本国和多国部队司令部及其参谋部指挥员提供建议，保证作战演练模拟系统按照预定目的和内容顺利开展。演习结束后，演习处还负责善后工作，如演习建档、训练材料制定等。演习处还致力于与联邦信息管理局、联邦国防军信息技术局、联邦国防军指挥学院、陆军司令部等部门的合作，并根据从计算机辅助演习中获取的部队指挥和战术信息，推动部队指挥和作战原则、陆军兵种、结构、装备及规章制度的进一步发展。此外，参与作战演练模拟系统开发、对系统软件升级的合理性以及兵种、军种指挥和作战原则进行论证等，也属于演习处的业务范畴。受联邦国防军委托负责电脑辅助演习方案设计的军官和士官，也需由演习处通过不同的作战演练模拟系统进行培训。

基础处

基础处分为作战模拟继续发展处和地理信息模拟处。通过更新基础方案并结合新技术，基础处协助作战演练模拟系统的进一步发展。此外，基础处还负责领导系统使用手册和其他内部文献的制定工作。继续发展处负责演习组织实施以及作战演练模拟系统的继续发展事务。地理信息模拟处负责为陆军模拟系统准备和提供系统性仿真环境数据库。为此，地理信息模拟处在考虑"建模和模拟"数据联合的情况下，创建了对于作战模拟非常重要的中心环境数据库。此外，地理信息模拟处还为模拟系统的使用者和开发者提供建议。与联邦国防军地理信息中心协调，为模拟系统中的环境图绘制制定标准和规范，保证军队使用标准化的环境数据库，也是地理信息模拟处的重要任务之一。

模拟和信息技术处

模拟和信息技术处的核心任务是为模拟、信息技术支持和指挥支援提供保障，对模拟和演练网络及服务器进行设计、维护和管理，并负责广域网及局域网的建立和维护。模拟和信息技术处还负责为演习部队的指挥支援计划，尤其是信息技术和通信工具的使用提供支持。在演习期间，模拟和信息技术处随时准备排除模拟和演练网络中出现的故障。模拟和信息技术处负责演习部队信息技术安全的联系人还对陆军作战模拟中心信息技术安全规定的遵守情况进行监督。除了所有信息技术设备的物资采购之外，为相关单位制定技术方案也属于模拟和信息技术处的业务范围。

陆军作战演习中心

陆军作战演习中心（Gefechtsübungszentrum Heer）始建于1995年，总部位于萨克森·安哈特州的加德雷根市（Gardelegen），是陆军的中心训练机构，主要服务于陆军所有兵种的作战训练、兵种专业训练以及其他军种相关部队的地面行动。中心的训练工作主要针对陆军，但是原则上也可以用于联邦国防军全军的训练。经国防部长批准，中心甚至可以服务于北约及友好国家的多国部队训练。中心下属机构包括参谋部、演习场管理组、基础组、控制组、作训处、卫生队、莱茵钢铁服务中心（RDA）、技术管理中心等。参谋部负责协调不同部门的合作，保证中心专业、高效运转。演习场管理组负责阿尔特马克（Altmark）演习场的管理。在管理过程中，演习场管理组需要定期进行系统性的弹药搜索工作，以降低演习场作战模拟训练的风险。

此外，演习场管理组还要对所属人员进行监督，保证其遵守环境保护和消防安全法规。基础组负责对与陆军作战演习中心任务拓展以及系统技术相关的部门任务进行协调、控制和调整，同时在方案发展和试验过程框架下，对作为联合作战模拟场所的陆军作战演习中心具体方案进行研究。控制组主要控制陆军作战演习中心的经济性，如根据任务和运营流程控制原则，对演习实施过程进行控制、监督和分析。控制组还需计算成本，寻求成本和流程优化方案，并根据合同规定监督承包商的合同绩效。作训处主要负责与培训部队之间的合作，目的是保证陆军作战演习中心训练的顺利进行。医疗队主要负责中心军人的医疗保障，其业务重点是紧急医疗护理，为此还专门配备了医用救援车。在演习期间，演练场 24 小时配备医疗小组进行医疗保障，医疗组的人员和物资配备能够保证其开展高质量的医疗急救行动。莱茵钢铁服务中心属于莱茵钢铁防务模拟和培训业务部，其受联邦防务技术与采购局委托，对陆军作战演习中心的运营进行全天候多方面支持，如机动系统技术和双模拟器培训器运营和指导、通信网络、系统技术、数据处理、训练支援、物资经营和维护等。技术管理中心主要负责检查物资采购和维护的效果是否符合协议规定的质量要求。

国际直升机训练中心

国际直升机训练中心（Internationales Hubschrauberausbildungszentrum）始建于 2015 年，其前身是 1959 年建立的陆军航空兵学校。作为陆军航空兵部队的中心训练机构，中心主要通过全面的军事、飞行员及指挥员培训，为陆军的空中机动性和空中机械化奠定基础。其培训对象既包括联邦国防军不同军种，也包括友好国家军队。中心下辖单位包括飞行安全处、参谋部、德国军用适航要求质量管理评估处、教学训练处、第 1 教导连、第 2 教导连、德法陆军航空兵"虎"式（TIGER）武装直升机训练中心、德法"虎"式武装直升机训练中心、支援处、训练工作室等。

飞行安全处

飞行安全处负责对航空培训和继续教育过程中的飞行安全规定遵守情况进行监督。在此过程中，飞行安全处需要随时向中心主任进行情况汇报，并与联邦国防军飞行安全总部开展密切合作。此外，飞行安全处还需要对当地有关环境保护的法律规定遵守情况进行监督，并出台和贯彻相应措施。

参谋部

参谋部分为以下5个处：

一处为人事、内心引导和公共事务处；

二处为军事安全处；

三处为组织和警报处；

四处为物资经营和劳动保护处；

五处为指挥支援暨信息技术与安全处。

德国训练机构军用适航要求质量管理评估暨运行指挥处

德国训练机构军用适航要求质量管理评估暨运行指挥处是国际直升机训练中心新成立的两个单位。从2017年夏天开始，联邦国防军决定按照德国训练机构军用适航规定开展NH-90直升机的航空技术培训，这也是质量管理评估暨运行指挥处成立的主要原因。质量管理评估处负责在德国训练机构军用适航要求框架内，为国际直升机训练中心制定、维护和升级独立的质量保证体系。其主要目的是在航空技术培训领域制定、升级和贯彻质量保证措施，保证训练的高质量，为获得长期有效的德国军用适航要求认证打下基础。运行指挥处主要负责获取和评估航空技术训练过程中的参数，目的是确定完善需求，并采取合适的措施，为中心培训工作的高质高效做出贡献。

教学训练处

教学训练处负责国际直升机训练中心与课程有关的训练计划，并对训练过程开展管理和协调，其中既包括针对陆军航空兵、空军、海军以及其它国际部队直升机飞行员后备人才的一般性军事训练，也包括飞行技术培训及飞行员培训。

教学训练处就训练组织与实施的有关事项、相关数据处理等提供咨询，并颁布相关命令。此外，教学训练处承担所有课程的专业指导，协调部队专业教官的派遣和培训器械的使用工作。教学训练处还需制定演习方案和训练材料。在进一步优化陆军航空兵部队的作战原则时，部队专业教官团队需要与快速反应师、陆军发展局、陆军战术中心进行合作。

第 1 教导连

第 1 教导连的培训任务包括两部分：一是飞行员基本训练，包括 Bell206 和 EC135 T1 教练机的跨军种飞行员基本训练、H135 T3 直升机专业化训练、多用途直升机 NH-90 的原型飞行及作战飞行训练、地勤人员训练；二是专业化飞行训练，包括仪表飞行、夜间飞行、山地飞行及检验飞行等。在飞行员培训方面，国际直升机训练中心的 14 台全任务模拟器做出了重要贡献，它们能够模拟德国空域白天或者夜间的天气状况，为视觉飞行和仪表飞行训练提供仿真飞行环境。

第 2 教导连

第 2 教导连下辖第 4、第 5、第 6 共 3 个教学小组。第 4 小组负责陆军航空兵部队飞行员的职业和应用训练；第 5 小组负责飞行员和地勤人员的理论基础训练和英语语言能力培训；第 6 小组负责为海军和陆军的飞机机械师、电气工程师、地勤机械师、系统检验军官、系统工程师、NH-90特别课程提供飞行技术训练。

德法陆军航空兵"虎"式武装直升机训练中心

德法陆军航空兵"虎"式武装直升机训练中心成立于2003年,设在法国的勒济将军学校基地（Base GénéralLejay, Le Cannet des Maures）机场,是德国和法国陆军航空兵"虎"式武装直升机乘员培训的中心机构。目前德法陆军航空兵训练合作架构有扩大的趋势,西班牙航空兵也在法国版的"虎"式直升机上进行训练。

德法"虎"式武装直升机训练中心

德法"虎"式武装直升机训练中心的主要任务是为德法不同款式的"虎"式武装直升机培训技术后勤人员,其他任务还包括制定共同的训练方案、协调课程内容和流程、创造良好的生活和工作条件、对"虎"式武装直升机的材料和装备进行标准化等。此外,中心还参与德法陆军航空兵部队的作战准备以及基础设施、模拟、人员和后勤培训等。根据欧盟防务政策框架,德法"虎"式武装直升机训练中心已发展成一个低指挥层面的军事联合项目,积极贯彻德法两国国防部长达成的关于双方相互联合的协议。

支援处

支援处为国际直升机训练中心的运行提供所有必要的服务,包括燃料与弹药的准备、车辆准备、车辆维护、机场及专业媒体中心运营等。此外,该处还为可能出现的飞行事故提供紧急医疗支持,并配备了专门的急救人员。支援处飞行技术中队专门负责陆军TTH NH-90战略运输直升机的训练工作保障。除了准备军用NH-90直升机之外,另有3家民间公司为国际直升机训练中心提供其他型号的直升机用于日常训练。

训练工作室

陆军巴克贝格（Bückeburg）训练工作室主要负责飞机机械师与飞机电气工程师培训，每年分别有 28 个和 12 个培训名额，国际直升机训练中心也因此成为联邦国防军最大的直升机培训机构之一。

陆军军官学校

陆军军官学校（Offizierschule des Heeres）位于萨克森州首府德累斯顿（Dresden），是联邦国防军陆军与联合支援部队的中心培训机构，负责为联邦国防军候补军官、现役军官、预备役候补军官、预备役军官、文职人员提供职业培训、应用培训以及特殊课程培训，并为陆军和联合支援部队军官提供指挥和进修课程培训。

从组织架构上看，陆军军官学校由参谋部、专业媒体中心、教学训练处以及陆军战术中心组成。陆军军官学校所开设的课程包括应用课程和进修课程。

应用课程包括：

• 战术和后勤教官课程：为期 6 周，主要为参谋军官在陆军院校担任教学参谋军官做好前期准备工作。该课程是评估课程，无需考试。陆军军官学校校长可以从中直接选择优秀生服务于陆军军官学校的教学工作。

• 军事选拔课程：为期 2 周，目的是选择高质量的士官晋升军官，属于考试课程。

• 计划任用为纪律主官的军官课程：为期 2 周，主要目的是使军官有能力进行部队指挥和训练，对下属士兵进行教育，并承担 I 级惩戒任务。

• 陆军候补军官课程 2：为期 2 周，目的是使军官及候补军官有能力承担德国及多国陆军的指挥任务。

•陆军指挥课程 2A：为期 4 周，在前期担任分队指挥官或者参谋军官所积累经验的基础上，掌握较高层面普通军事指挥原则和跨兵种指挥原则。该课程分为两部分，一部分是普通军事指挥原则，另一部分是跨兵种指挥原则，二者分别需要 2 周时间。

除上述课程之外，应用课程还包括法律顾问和法律教官战术指示课程、联邦国防军语言工作人员课程。

进修课程包括：

•军事主官进修课程：为期 4 周。培训对象为 40 岁左右的军官，目的是提升其作为职业军官的知识水平，增强其领导意识。

•卫生军官进修课程：为期 2 周，主要是为结束大学学习的卫生军官提供作为军医的任职课程。

•指挥课程 1A：为期 4 周，主要目的是提升军官能力，保证其面对心理和生理问题时的指挥安全。

•候补军官升任军官课程：为期 4 个月，目的是向候补军官传授作为陆军军官的指挥知识，该课程需要结业考试。

•陆军候补军官/后勤内务部队陆军候补军官课程：为期 2 周。

•预备役候补军官军事行动人事指挥课程：为期 5 天，目的是使预备役军官了解军事行动中的人事指挥基础，并能够作为军官参与军事行动。

陆军战术中心主要负责陆军战术训练和进修的基础制定，为陆军行动制定战术术语，参与战术原则制定，为陆军军官学校的教学训练提供支援。

陆军士官学校

陆军士官学校（Unteroffizierschule des Heeres）始建于 2003 年 10 月 1 日，总部位于萨克森州德利茨（Delitzsch），主要任务是为陆军初级士官、候补中士、高级士官以及联合支援部队的陆军提供任职、语言等课程培训，使得军事指挥后备力量为联邦国防军的日常运营和军事行动中的一般性军事任务做好准备。其次，陆军士官学校还以职业士官本身指挥经验为基础，继续提高其指挥水平。初级士官主要在技术岗位任职，大部分不承担指挥任务。高级士官则既可任职技术岗位，也可以承担指挥任务。因为所有军人原则上都必须有能力在军事行动（如作战、保护、援助、救助等）中承担任务，所以高级士官应具备一般性军事指挥能力。如果联邦国防军执行多国框架下的任务，陆军士官学校必须为相关人员提供作为北约指挥语言的英语能力培训。除了专业能力培训之外，陆军士官学校还需对军事指挥人员进行德国《基本法》的基本价值培训。此外，纪律、勇敢、友爱、宽容等品德也是陆军士官学校教育的重点内容之一。陆军士官学校下辖3个候补士官营，每个营下辖1个营部和3个连，每个连下设1个连部和5个培训排。士官营主要负责陆军的候补士官课程培训，主要目标是为陆军未来士官的军人意识和行为安全打下基础。对于专业技术士官而言，候补士官课程是其整个任职生涯中最重要的军事基础训练课程，能够为陆军士官学校的候补高级士官晋升课程以及高级士官普通军事课程（AMT）打下良好基础。候补士官课程为期6个月，共分为三期分课程，分列三个不同阶段。第一期课程为期9周，重点是部队作战、轻武器射击、警卫工作等，其次还包括所有部队的核生化防护、自卫、日常训练、卫生训练、内心引导、身体机能等。课程结束后，学员可以根据新的射击训练方案，获得"警卫"称谓（ATP，Ausbildungs- und Tätigkeitsbezeichnung）。第二期课程为期4周，学员在其即将任职的部队岗位参加实践，为将来的工作岗位积累经验。第三期课程为期12周，课程仍然在陆军候补士官营完成，主要目的是对第一期的课程内容进行巩固、深化和拓展。此外，学员还需接受部队训练的教学法培训。第三期课程能够使学员胜任下士岗位要求，尤其是按照内心引导要求对其下属进行训练、教育。课程结束后,所有参训学员可根据射击培训方案规定获得"安保"和"警卫"称谓以及"陆军下士"军衔。

联邦国防军联合国训练中心

联邦国防军联合国训练中心(Vereinte Nationen Ausbildungszentrum Bundeswehr)始建于1999年10月27日,总部位于巴伐利亚州哈梅尔伯格和维尔德弗莱肯地区,是战术层面的国际跨部门训练机构,以国际合作而著称,主要目的是为执行任务做好前期准备。

中心工作主要包括:

● 为国内和国际军事观察员、联络军官以及准备为外国武装部队提供指导、建议和合作的工作人员提供资质培训;

● 跨部门培训支援,如联邦警察、州警察、国际合作协会、国际维和中心、欧盟、欧洲安全与合作组织、禁止化学武器组织等;

● 为记者和非政府组织成员开展特训;

● 以实践为导向的语言训练;

● 陆军部队作战训练;

● 联邦国防军文职人员一般性军事训练;

● 为联合支援部队司令部提供参谋人员及参谋支援人员地域性专业训练;

● 对小规模团体或者个人进行集中性短期培训。

除上述培训任务之外,中心还以顾问的方式为作战部队的工作提供支持,并根据需要提供机动培训小组,为相关对象提供培训材料和方法。

联邦国防军联合国训练中心下辖以下机构:

参谋处

参谋处负责制定中心训练任务、起草命令，同时为中心主任提供意见建议，并对下级部门的制度落实情况进行监督。参谋处分为5个指挥科：一科负责内心引导、人事、情报和人才储备工作；二科负责中心军事安全，并负责实施安全训练和安全演练；三科负责中心的规划、命令、指挥，并就训练、组织、基础设施等事务向中心主任提供建议；四科负责后勤支援；五科负责信息技术安全，并承担信息系统和通信设备的使用和协调工作。

教学训练处

教学训练处分为两个教学小组。第1小组为国际训练组，位于哈梅尔伯格，主要任务是针对危机地区的行动任务进行训练，授课语言为英语，培训对象包括联邦国防军、盟国军队、警察、记者、民间政府和非政府组织成员，目的是使其有能力完成作为联合国、欧盟、欧洲安全与合作组织及类似组织外派军事专家、顾问、军事观察员所承担的任务。第2小组为国内训练组，位于维尔德弗莱肯，主要负责联邦国防军联合支援部队特定行动训练、德军及盟国军队远程操控轻武器站及枪支的训练、联邦国防军文职人员的一般性军事训练等。

支援连

支援连下设技术组、运输组及步兵排。技术组负责物资运营以及军用车辆维护；运输组负责中心的后勤任务，包括射击训练的弹药保障；步兵排负责为教学训练组的课程提供训练支持，并为特别行动方案做好人员保障。

顾问组

顾问组主要承担四项任务：

- 根据针对特定维和行动的训练方案提供相关国家信息；
- 以海外行动经验评估为依据，制定科学的训练方案；
- 协调中心的多国合作；
- 提供安全防护经验，包括建筑防护措施、联邦国防军行动区域机动监控技术、降低行动风险的战术方法等。

第1装甲师

第1装甲师（1. Panzerdivision）始建于1956年7月1日，总部位于下萨克森州奥尔登博格（Oldenburg），编制约1.8万人。第1装甲师是联邦国防军陆军两大机械师之一，下辖第9装甲教导旅、第21装甲旅、第41装甲旅、荷兰第43机动旅及其他部队。其主要职能是：

- 负责集体防御和国土防御框架下所有强度军事行动的规划、准备和贯彻；
- 自2018年起，负责陆军驻阿富汗"坚定支持"（RESOLUTE SUPPORT）行动；
- 自2019年下半年开始，负责伊拉克北部和索马里的训练支援；
- 为联邦国防军所参与的多国部队司令部提供人力支持；
- 北约"矛头"部队——高度戒备联合特遣部队规划、建立和训练的责任单位；

- 接管荷兰陆军第 43 机动旅；
- 加强德国与波兰以及德国与英国的陆军合作。

参谋通信连

参谋通信连位于下萨克森州奥尔登博格地区，主要任务是在指挥、计划、作战准备、集体防御等方面为师部提供支持。参谋通信连下辖指挥组、侦察组、技术组、运输组、供给组、餐饮组、通信中队。

第 9 装甲教导旅

第 9 装甲教导旅总部位于蒙斯特，下辖 7 个营，分别驻扎在下萨克森和北莱茵·威斯特法伦州。其主要职能是作为作战部队之一，对联邦国防军的维和行动进行规划、准备和实施。此外，第 9 装甲旅也为联邦国防军海外行动区域的维稳部队提供人力和物资支持。第 9 装甲教导旅的下辖单位包括参谋通信连、第 3 侦察教导营、第 91 轻装步兵营、第 33 装甲步兵营、第 92 装甲步兵教导营、第 93 装甲教导营、第 130 装甲工兵营和第 141 后勤补给营。

参谋通信连

参谋通信连位于蒙斯特，主要承担三方面任务，一是为第 9 装甲教导旅司令部的军事行动及集体防御提供规划、准备和指挥方面的支援；二是负责司令部的物资运营；三是负责旅作战指挥所的侦察、建设和运营。参谋通信连下辖指挥组、侦察组、补给组、技术组、通信组以及军事训练支援处。

第3侦察教导营

第3侦察教导营位于下萨克森州的吕讷堡（Lüneburg），主要负责联邦国防军地面侦察、空中无人侦察、战区雷达侦察、野外情报部队侦察等。营部协助营长对全营的指挥工作，并承担指挥、管理等方面的任务。第3侦察教导营下辖5个连，1连为补给和支援连，2连为侦察连，3连为轻型侦察连，4连为技术侦察连，5连为混合侦察连。

第91轻装步兵营

第91轻装步兵营位于下萨克森州罗腾堡（Rotenburg），在第9装甲教导旅或整个陆军框架下参加与其相关的所有强度、类别、地形的军事行动，也为干预行动及集体防御提供力量支持。该营在城市巷战和其他复杂地形作战方面能力尤其出色。营部负责为营长的全营指挥工作提供支持，也承担指挥、管理等方面的任务。第91轻装步兵营也同样下辖5个连。

第33装甲步兵营

第33装甲步兵营位于下萨克森州诺伊施塔特（Neustadt），主要负责为联邦国防军陆军参加多军种联合作战做好人力准备，并参加低、中、高强度作战。该营有能力作为独立作战部队或者大部队的编队之一参与所有陆战，也有能力在维稳行动中独立或者联合解决危机。此外，第33装甲步兵营能够提供机械化或者步兵力量参与其他类别的行动/特种作战，如国土防御或者集体防御等。营部协助营长对全营的指挥工作，并承担指挥、管理等方面的任务。除参谋部之外，第33装甲步兵营还下设4个连。

第 92 装甲步兵教导营

第 92 装甲步兵教导营位于下萨克森州蒙斯特，主要负责为陆军参加联合作战行动提供人力支援，可以执行低、中、高强度作战任务。该营有能力在维稳行动中处理危机，也可以在大单位框架内、作为独立单位或者在多国框架内完成任务。此外，该营能够提供机械化或者步兵力量参与其他类别的行动/特种作战，如国土防御或者集体防御等。营部协助营长对全营的指挥工作，并承担指挥、管理等方面的任务。除参谋处之外，第 92 装甲步兵教导营下辖 1 个排和 5 个连。前者为参谋排，后者分为 4 个教导连和 1 个训练支援连。

第 93 装甲步兵教导营

第 93 装甲步兵教导营位于下萨克森州蒙斯特，主要负责为参加所有能力框架内联合作战行动的陆军提供人力支援，可以执行低、中、高强度作战任务。该营有能力在大单位框架内、作为独立单位或者在多国框架内完成任务。此外，该营能够提供机械化或者步兵力量参与其他类别的行动/特种作战，如国土防御或者集体防御等。营部协助营长对全营的指挥工作，并承担指挥、管理等方面的任务。除参谋处之外，第 93 装甲步兵教导营目前下辖 4 个连，分别是 1 个补给支援连和 3 个坦克连。

第 130 装甲工兵营

第 130 装甲工兵营位于北莱茵·威斯特法伦州的明登（Minden）地区，主要负责在多国、多军种联合作战框架下，对本营参与各种强度危机预防、风险应对、国土防御和集体防御行动进行规划、准备和实施。营部协助营长对全营的指挥工作，在工兵派遣、军械防御和基础设施方面为上级单位的军事工程小组提供支援。无论是在日常运营还是在现实军事行动中，第130装甲工兵营都能够实现全机动化。其下属部队包括1个补给支援连、2个装甲工兵连、1个补充连及M3浮桥连。

第141后勤补给营

第141后勤补给营及其下属部队位于蒙斯特、罗腾堡以及诺伊施塔特地区。主要承担六大任务：一是为陆军机动旅提供后勤支援，主要通过后勤补给连为参战部队中的陆军提供后续供给；二是利用全营力量，同时辅以其日常建制所欠缺的系统性维护能力以及A类大范围补给连（来自陆军其他营），为机动旅及其下辖部队提供补给；三是利用各自的管理系统、信息系统及具体方法，建立国内和国际局势登记制度，做好后勤形势评估；四是对保护任务领域的规定遵守情况进行监督；五是确保本营控制、成本和绩效责任、开支限制得到落实；六是通过参谋部为营长的全营指挥工作提供支援。

第21装甲旅

第21装甲旅始建于1957年，旅部位于北莱茵·威斯特法伦州的奥古斯特道夫（Augustdorf）地区。下辖参谋通信连及7个营，分别位于下萨克森、黑森及北莱茵·威斯特法伦州。

第21装甲旅作为第1装甲师的四大作战旅之一，主要负责参与各种强度的联合行动，如多国行动和多军种联合作战，对维稳措施进行规划、准备和落实，为维稳行动创造前提条件。此外，第21装甲旅还需参与联邦国防军的海外军事行动。

参谋通信连

第 21 装甲旅参谋通信连位于北莱茵·威斯特法伦州的奥古斯特道夫，主要负责协助旅参谋部对第 21 装甲旅进行指挥，并为其可能承担的集体防御或者国土防御做好准备。为此，参谋通信连需要根据装甲旅的具体任务和实际情况，负责旅作战指挥部以及移动指挥机构的运营。参谋通信连目前编制约 250 人，直接受副旅长指挥。

第 7 侦察营

第 7 侦察营位于北莱茵·威斯特法伦州的阿伦（Ahlen）地区，主要承担联邦国防军的地面侦察、空中无人侦察、战区雷达侦察以及轻型侦察部队和通信侦察部队侦察等任务，以保证第 21 旅的情报优势。第 7 侦察营能够通过现有能力并借助传感器评估，及时、全面地为上级指挥机构提供其所需要的现实情报。其侦察结果会直接在连内进行评估处理，以防止影响情报的时效性。情报既可以服务联邦国防军，也可以在联合行动中实现跨国共享。侦察营下设 5 个连，分别是补给支援连、侦察连、轻型侦察连、技术侦察连、训练支援连。

第 1 轻装步兵营

第 1 轻装步兵营位于黑森州施瓦岑博恩（Schwarzenborn），主要职能是参与第 21 装甲旅内部的联合行动，或者作为陆军作战单位，参与轻装步兵营或者高级别部队各种强度和类别的作战行动，也能为进攻行动如集体防御和国土防御提供作战力量。第 1 轻装步兵营在城市巷战和其他复杂地形作战方面能力尤其突出。营部负责协助营长的全营指挥工作，同时也承担全营的领导和管理任务。第 1 轻装步兵营下设 6 个连，1 连是参谋补给连，2 连、3 连和 4 连为轻装步兵连，5 连为重型步兵连，6 连为训练支援连。

第 203 坦克营

第 203 坦克营位于北莱茵·威斯尔法轮州奥古斯特道夫地区，主要负责为陆军的军事行动做好人员准备，并参与各种强度的多军种联合行动。该营可以作为独立的作战部队，或者在更高级别部队框架下参与各种类别的作战行动和任务。营部负责协助营长的全营指挥工作，同时承担全营的领导和管理事务。第 203 坦克营下设 5 个连，1 连为补给支援连，2 连、3 连和 4 连为坦克连，5 连为补充连。

第 212 装甲步兵营

第 212 装甲步兵营位于北莱茵·威斯尔法轮州奥古斯特道夫地区，主要负责为陆军的军事行动做好人员准备，并参与各种强度的多军种联合行动。该营下辖部队已实现机动部署，有能力在大部队框架内、作为独立单位或者在多国框架内承担冲突预防和危机管理等任务。此外，该营能够提供机械化或者步兵力量参与其他类别的行动/特种作战，如国土防御或者集体防御等。营部负责协助营长的全营指挥工作，同时承担全营的领导和管理事务。第 212 装甲步兵营下设 5 个连，1 连为补给支援连，2 连、3 连和 4 连为装甲连，5 连为训练支援连。

第 1 装甲工兵营

第 1 装甲工兵营位于下萨克森州霍尔茨明登（Holzminden）地区，主要负责在多国、多军种联合作战框架下，对本营参与各种强度危机预防、风险处理、国土防御和集体防御行动进行规划、准备和实施。营部协助营长对全营的指挥工作，在工兵派遣、军械防御和基础设施方面为上级单位的军事工程小组提供支援。无论是在日常运营还是在实际军事行动中，第 1 装甲工兵营都能够实现全机动化。其下属部队包括 1 个补给支援连、2 个装甲工兵连、1 个工兵机械连。

第 7 后勤补给营

第 7 后勤补给营及其下属连队分别驻扎于北莱茵·威斯特法伦州的翁纳（Unna）、奥古斯特道夫以及黑森州的施塔特阿伦道夫（Stadtallendorf）等地区，目前主要承担七大任务：一是为陆军机动旅提供后勤支援；二是通过后勤补给连为参战部队中的陆军提供后续补给；三是利用全营力量，同时辅以其日常建制所欠缺的系统性维护能力以及 A 类大范围补给连（来自陆军其他营），为机动旅及其下设部队提供补给；四是利用各自的管理系统、信息系统及具体方法，建立国内和国际形势登记制度，做好后勤形势评估；五是对保护任务领域的规定遵守情况进行监督；六是确保本营控制、成本和绩效责任、开支限制得到落实；七是通过参谋部为营长的全营指挥工作提供支援。第 7 后勤补给营下设 5 个连，1 连为补给支援连，位于翁纳；2 连为 A 类补给连，位于奥古斯特道夫；3 连为 B 类补给连，位于翁纳；4 连为 C 类补给连，位于施塔特阿伦道夫；5 连为补充连，位于翁纳。

第 921 轻装步兵营

第 921 轻装步兵营位于黑森州施瓦岑博恩，是陆军 2 类补充部队，即非现役部队，因而全部由预备役组成。在需要增加联邦国防军建制时，第 921 轻装步兵营负责为现役部队补充力量。第 921 营能够参与第 21 装甲旅内部的联合行动，或者作为陆军作战单位，参与轻装步兵营或者高级别部队各种强度和类别的作战行动，也能够为进攻行动如集体防御和国土防御提供作战力量。第921轻装步兵营尤其在城市巷战和其他复杂地形作战方面拥有优势。营部协助营长的全营指挥工作，同时也承担全营的领导和管理任务。第921轻装步兵营下辖4个连，1连为补给支援连，位于黑森州施瓦岑博恩，2连、3连和4连都是轻装步兵连，分别位于黑森州施瓦岑博恩、罗腾堡和托尔格洛（Torgelow）地区。

第41装甲步兵旅

第41装甲步兵旅始建于1991年4月1日，总部位于新布兰登堡（Neubrandenburg），主要任务是为国土防御、集体防御以及维和任务框架内的国内部队或者多国部队行动做好规划、准备及落实工作。其核心任务是对诸兵种联合行动、本单位及军事行动中所管辖的本国及多国部队进行指挥，旅部负责协助旅长的部队指挥工作。目前，第41装甲步兵旅下辖7个营，分别位于麦克伦堡·前伯梅、萨克森·安哈特、石勒苏益格·荷尔斯泰因、布兰登堡和北莱茵·威斯特法伦州等联邦州。

参谋通信连

第41装甲步兵旅参谋通信连位于麦克伦堡·前伯梅州的新布兰登堡，直接受副旅长指挥，编制约250人。其主要职能是为旅参谋部的指挥工作提供支援，并对集体防御、国土防御等各种强度的军事行动进行规划和准备，因此参谋通信连的核心任务是根据第41装甲步兵旅所面临的具体形势和行动任务，维持旅作战指挥部以及机动指挥设施的运营，确保其指挥能力。参谋通信连下辖多个单位，包括指挥组、侦察和安全组、供给运输技术组、通信组、军事训练支援组以及文职人员培训进修组等。

第6侦察营

第6侦察营位于石勒苏益格·荷尔斯泰因州的奥伊廷（Eutin），主要负责联邦国防军的地面侦察、空中无人侦察、战区雷达侦察以及轻型侦察部队和通信侦察部队侦察。营部协助营长的全营指挥工作，同时也承担指挥和管理任务。第6侦察营目前下辖4个连，分别是补给和支援连、侦察连、轻型侦察连和技术侦察连。

第413轻装步兵营

第413轻装步兵营位于托尔格洛和普伦茨劳（Prenzlau），主要负责参与第41装甲步兵旅内的联合行动，或者作为独立的作战单位，与陆军其他轻装步兵营或者上级单位共同参加各种强度、类别的作战行动。此外，该营还要为进攻行动、集体防御和国土防御提供作战力量。在城市巷战和其他复杂地形作战方面，第413轻装步兵营能力尤为突出。营部主要负责协助营长的全营指挥工作，同时也承担指挥、管理等方面任务。第413轻装步兵营目前下辖4个轻装步兵连和1个新兵连。新兵连位于普伦茨劳，其余4个连位于托尔格洛。

第401装甲步兵营

第401装甲步兵营位于麦克伦堡·前伯梅州的哈格诺（Hagenow），下辖5个连。该营主要负责为陆军的跨军种联合行动提供人力支持，同时参与各种强度的军事行动；能够作为独立的作战单位或者在旅框架下执行各种类别的多国部队行动、陆军军事行动中的特种战斗或者陆军行动的一般性任务；可以在更大规模作战部队框架下或者作为独立单位执行冲突预防和危机处理任务；也能够提供机械化部队或者步兵参与国土防御、集体防御等其他类型的军事行动或者作战任务。根据具体任务，第401装甲步兵营可以实现空中调度。营部负责协助营长的全营指挥工作，同时也承担指挥和管理工作。

第411装甲步兵营

第411装甲步兵营位于麦克伦堡·前伯梅州的菲尔埃克（Viereck）地区，该营主要负责为陆军的跨军种联合行动提供人力支持，同时参与各种强度的军事行动；能够作为独立的作战单位或者在旅框架下执行各种类别的多国部队行动、陆军军事行动中的特种战斗或者陆军行动的一般性任务；可以在更大规模作战部队框架下或者作为独立单位执行冲突预防和危机处理任务；也能够提供机械化部队或者步兵参与国土防御、集体防御等其他类型的军事行动或者作战任务。根据具体任务，第411装甲步兵营可以实现空中调度。营部负责协助营长的全营指挥工作，同时也承担指挥和管理工作。

第411装甲步兵营是德国陆军的维稳部队之一，配备1A3型"黄鼠狼"（MARDER）步兵战车，具有较强的机动性和快速反应能力，在应对敌军步兵以及轻型装甲部队方面能力突出。该营目前编制为约700名军人和10名文职人员，分为5个连。1连为补给支援连，负责协助营长的指挥和训练工作，并保证全营的物资和燃料补给。2连至4连为作战连，配备1A3型"黄鼠狼"步兵战车，主要负责部队新型作战能力和维稳能力的建设。5连为训练支援连，负责新兵的日常基本训练，同时也是第411装甲步兵营二级下士及候补中士的教导连，为其参加联邦国防军军种学校的课程做好准备。

第803装甲工兵营

第803装甲工兵营位于萨克森·安哈特州的哈菲尔博格（Havelberg）地区，主要在工兵任务领域为第41装甲步兵旅提供支援。营部协助营长对全营的指挥工作，在工兵派遣、军械防御和基础设施方面为上级单位的军事工程小组提供支援。第803营目前在日常训练和参与行动方面已经实现全部机动化。

第803装甲工兵营目前下设4个连。

1连主要协助连参谋部的指挥能力建设，保证全营的补给安全。具体包括：

- 工兵情报获取，为其所支援的部队指挥官以及工兵部队使用计划提供建议；
- 营指挥部的运营以及与上级机关的联络；
- 营人事及后勤持续能力；
- 损毁战车救援与维护，保证物资供应。

2连和3连主要负责在各种强度的联合作战、多军种乃至跨国行动中为作战部队的冲突预防和危机处理、国土防御和集体防御提供工兵支援。根据具体任务，2连和3连又分为装甲工兵排、轻型/中型作战手段防御排、重型作战手段防御排和装甲工兵机械排。装甲工兵排主要通过埋雷、设障等措施抑制或诱导敌军的移动，也可以通过爆炸物开道，为本方作战部队的军事行动提供支援。轻型/中型爆炸物防护排主要负责对敌军的爆炸物进行侦察，以保护本方部队，该排会在具体的军事行动中编入作战部队，保证部队的自由行进。重型爆炸物防护排主要通过道路清除系统以及扫雷坦克应对爆炸物等威胁，保证本方部队在大范围内的机动安全。与轻型/中型爆炸物防护排一样，重型爆炸物防护排也会编入作战部队。装甲工兵机械排配备装甲工兵车，以便在实际军事行动中克服水域或者障碍物影响，提高工兵部队的机动性。装甲工兵机械排也可以服务于野外营地、基地建设和拆除以及辅助机场和道路的建设。

4连为工兵机械连，负责对工兵机械使用地点的侦察，爆炸物的勘察、标记以及清除，水域或者山地障碍排除、营房建筑物资获取、交通工具维护、灾害救援、环境保护等。作为补充力量，4连能够提高工兵部队的国土防御能力、持久力和短时间内的人力动员能力。

除此之外，第901重型工兵营3连也同时隶属于第803装甲工兵营，它下设2个带型浮桥排、1个工兵机械排和1个潜水排，主要负责工兵支援过程中的浮桥建设。

第908装甲步兵营

第908装甲步兵营属于非现役部队，主要负责为陆军的跨军种联合行动提供人力支持，同时参与各种强度的军事行动；能够作为独立的作战单位或者在旅框架下执行多种类别的多国部队行动、陆军军事行动中的特种战斗或者陆军行动的一般性任务；可以在更大规模作战部队框架下或者作为独立单位执行冲突预防和危机处理任务；也能够提供机械化部队或者步兵参与国土防御、集体防御等其他类型的军事行动或者作战任务。根据具体任务，第401装甲步兵营可以实现空中调度。营部负责协助营长的全营指挥工作，同时也承担指挥和管理工作。该营下设4个连，1连和2连位于菲尔埃克，3连和4连分别位于哈格诺和奥古斯特道夫。

第142后勤补给营

第142后勤补给营主要承担七大任务：一是为陆军机动旅提供后勤支援；二是通过后勤补给加强连为参战部队中的陆军提供后续补给；三是利用全营力量，同时辅以其日常建制所欠缺的系统性维护能力以及 A 类大范围补给连（来自陆军其他补给营），为机动旅及其下辖单位提供供给；四是利用各自的管理系统、信息系统及具体方法，建立国内和国际形势登记制度，做好后勤形势评估；五是对保护任务领域的规定遵守情况进行监督；六是确保本营控制、成本和绩效责任、开支限制得到落实；七是通过参谋部对营长的全营指挥工作提供支援。第 142 后勤补给营下设 5 个连，1 连为补给支援连，位于哈格诺；2 连至 4 连为补给连，分别位于托尔格洛、哈格诺和哈菲尔博格；5 连为运输连（补充单位），位于哈格诺。

第 43 机动旅

第 43 机动旅是荷兰陆军唯一的机动旅，2016 年 3 月 17 日编入联邦国防军第 1 装甲师。该旅编制约为 2500 人，目前驻扎在荷兰北部的两处基地，主要负责为荷兰及盟友的国土防御提供支持，同时也参与世界范围内的维和、救灾、危机处理等行动，并为民间机构提供人力和专业支持。第 43 机动旅下设单位包括参谋连、第 44 装甲步兵营、第 45 装甲步兵营、第 43 侦察连、第 11 装甲工兵连、第 43 卫生连、第 43 维护连、第 10 预备役营以及第 414 坦克营。

目前第 43 机动旅只有第 414 营驻扎在德国下萨克森州的洛海德（Lohheide）地区。第 414 营中有大约 1/4 的官兵来自荷兰，分别编在参谋部、1 连和 4 连。该营目前装备武器为"豹"2A6 型主战坦克，可以参与协同作战或者作为独立单位执行军事行动。该营的主要任务是参与联邦国防军的维和行动，其作战对象主要为机械化的地面装甲部队，同时也在维和行动中通过其主战坦克的保护性、机动性和心理影响为维和行动提供支持。强大的火力以及良好的机动性，使得第 414 营能够在核生化条件下参与高机动性作战任务。

第 325 炮兵教导营

第 325 炮兵教导营直属于第 1 装甲师，目前驻扎在下萨克森州蒙斯特地区，主要负责作战部队的火力和侦察支援。其下辖部队能够实现在世界范围内的战略部署，因此无论是在军事行动的初始、僵持还是维稳阶段，都能够为联邦国防军执行任务的相关部队提供支援。营部主要负责为营长的全营指挥工作提供支援，同时也承担指挥和管理层面的任务。该营目前下设 6 个炮兵连，其中 1 连为补给支援连，2 连为炮兵侦察连，3 连为火箭炮连，4 连和 5 连为装甲炮兵连，6 连为炮兵教导连。

第 610 通信营

第 610 通信营直属于第 1 装甲师，目前驻扎在布兰登堡州的普伦茨劳，是波兰什切青（Stettin）北约多国部队东北军区的通信部队之一，主要负责军区指挥所营地勘察。具体而言，第 610 通信营主要负责指挥所（分所）以及能容纳 350 人左右的信息技术和通信基础设施的建设和运行。在运营期间，第 610 通信营负责指挥所内部的语言、图像、文本、视频等数据的传播和加密处理。为了完成相关任务，该营在普伦茨劳对不同部门的士兵进行培训，并通过定期举行多国演习等手段，对北约多国部队东北军区的行动计划进行检验，确保做好行动准备。此外，第 610 通信营也负责配件、食品、消费品等物资的补给。

第 610 通信营下设 1 处 1 排 3 连。参谋处负责在人员、作战计划、军事安全、后勤、补给、维护、通信和信息技术安全等方面为营长提供建议；参谋排隶属于参谋处，主要负责为参谋处下设单位提供支援；1 连为补给连，为第 610 营的所有单位提供后勤补给，并负责物资救援、维护和储备工作；2连为信息技术连，主要负责北约多国部队东北军区指挥部信息基础设施的建设和运营，包括网络建设、服务器运营、数据存储、计算机运营维护等；3连为指挥所建设连，主要利用其所配备的重型器械进行营地建设，为后期的信息基础设施建设做好准备工作。

第901重型工兵营

第901重型工兵营为非现役营，位于萨克森·安哈特州的哈菲尔博格，主要任务是在国土防御时，作为独立的作战单位为本方部队提供一般性工兵支援，确保其能够不受水路和坑洼影响而顺利推进。在进行部队调动时，日常编制不属于第901重型工兵营的第803装甲工兵营浮桥连、第130装甲工兵营浮桥连以及第4装甲工兵营工兵机械连都可以供其调动。在日常运营中，第901营在第803装甲工兵营的人力支持下，负责物资和人力保障，保证被征召的预备役人员做好行动准备。同时与现役工兵营合作，对被征召的预备役人员开展训练，使得在联邦国防军需要提高兵员数量时，该营能够完成预定任务。此外，该营还需根据相关要求，参加救灾演练等任务。该营所辖单位包括补给连、支援连、工兵机械连和浮桥连等。

第1作战支援营

第1作战支援营是非现役部队，位于下萨克森奥尔登博格地区。当联邦国防军需要增加编制时，第1作战支援营需要借助自身力量为其他部队提供补充。在执行陆军或者联合支援部队的国土防御任务时，第1作战支援营也可以分离出一个营参谋处或者分解为小型单位，继续完成其所承担的任务。该营也为陆军参谋部的持续能力提供个人人力支持，并有现役干部编入第1装甲师的参谋通信连。

第10装甲师

第10装甲师驻扎在德国南部，师部位于巴伐利亚州法伊茨赫希海姆（Veitshöchheim）。其下辖部队包括第23山地步兵旅、第12坦克旅、第37装甲步兵旅、第131炮兵营、第345炮兵教导营以及参谋通信连。第10装甲师承担了德国陆军2017年的军事行动任务，并为其他与军事行动等同的任务提供部队。具体任务包括：

- 负责集体防御和国土防御框架下所有强度军事行动的规划、准备和贯彻；
- 从2015年开始，每逢奇数年作为领导单位负责陆军的海外军事行动，如北约阿富汗坚定支持行动、北约科索沃执行部队（KFOR）、欧盟马里军事训练部队（EUTM Mali）和欧盟索马里军事训练部队（EUTM Somali）、伊拉克北部地区训练支援、联合国驻马里多国维稳部队等；
- 为联邦国防军所参与的多国部队司令部提供人力支持；
- 为北约备用部队提供人力支持，如北约2016快速反应部队；
- 从2017年1月1日开始指挥德法混合旅德国分队；
- 加强德法以及德美之间的陆军合作。

第23山地步兵旅

第23山地步兵旅始建于1957年5月，旅部位于巴伐利亚州巴特·赖兴哈尔（Bad Reichenhall）地区，主要负责应对极端地形、气候和天气环境下的步兵作战任务。目前编制约

5000人，下设5个营和1个中心，全部驻扎在巴伐利亚南部地区。

第231山地步兵营

第231山地步兵营位于巴伐利亚州巴特·赖兴哈尔地区，主要参加第23山地步兵旅以及其他单位的联合军事行动，或者作为独立单位执行各种强度的陆军任务，尤其是在极端气候、天气和地形条件下的任务；为集体防御和国土防御框架下的进攻行动提供部队，并在特殊情况下参与特种部队司令部的联合行动，或者为陆军特种部队提供战术支持。其宗旨是为作战部队提供必要的山地能力支持，并为陆军实施极端地形营救提供协助。该营目前下设6个连，1连为补给支援连，2连、3连和4连为山地步兵连，5连为重型山地连，6连为作战支援连。

第232山地步兵营

第232山地步兵营位于巴伐利亚州绍夫斯维森（Bischofswiesen）地区，主要参加第23山地步兵旅以及其他单位的联合军事行动，或者作为独立单位执行各种强度的陆军任务，尤其是在极端气候、天气和地形条件下的任务；为集体防御和国土防御框架下的进攻行动提供部队，并在特殊情况下参与特种部队司令部的联合行动，或者为陆军特种部队提供战术支持。其宗旨是为作战部队提供必要的山地能力支持，并为陆军实施极端地形营救提供协助。该营目前下设7个连，1连为补给支援连，2连、3连和4连为山地步兵连，5连为重型山地连，6连为山地步兵预备役营，7连为作战支援连。

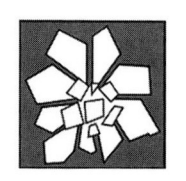

第 233 山地步兵营

第 233 山地步兵营位于巴伐利亚州米腾瓦尔特地区，主要参加第 23 山地步兵旅以及其他单位的联合军事行动，或者作为独立单位执行各种强度的陆军任务，尤其是在极端气候、天气和地形条件下的任务；为集体防御和国土防御框架下的进攻行动提供部队，并在特殊情况下参与特种部队司令部的联合行动，或者为陆军特种部队提供战术支持。其宗旨是为作战部队提供必要的山地能力支持，并为陆军实施极端地形营救提供协助。该营目前下设 7 个连，1 连为补给支援连，2 连、3 连和 4 连为山地步兵连，5 连为重型山地连，6 连为主力山地步兵营，7 连为作战支援连。

山地步兵连分为 2 个山地步兵排、1 个重型武装排，其主要任务是通过空中机动、雪地军车、雪橇甚至徒步抵达较为复杂的中等山脉或者高山地区执行任务。因此，他们往往装备全面积扫射或者反坦克武器，并受过严格、全面的山地作战训练。

重型山地步兵连的编制与山地步兵连不同，分为装甲迫击炮排、"黄鼠狼"（WIESEL）和"陶式"（TOW）反坦克排、"黄鼠狼"机关炮排、"黄鼠狼"侦察排等。利用上述重型装备，第 233 山地步兵营可以对敌人进行早期侦察和有效打击，并为山地步兵连提供强力支持。

山地步兵连的训练全部由陆军航空兵部队负责，以保证其机动性。以往的军事行动和演习表明，第 233 山地步兵营以作战为导向的训练工作已经达到了很高水平。

第 8 山地后勤补给营

第 8 山地后勤补给营及其下辖单位驻扎在巴伐利亚，其主要任务包括：为执行陆军行动任务的机动旅提供后勤支援；根据陆军维稳行动目标，通过增加后勤连保证陆军部队的后续补给；利用全营力量，并通过增加基本编制中所缺少的维护能力以及其他补给连，为机动旅及其下辖部队提供支援；利用各自的管理系统、信息系统及具体方法，建立国内和国际形势登记制度，做好后勤形势评估；对保护任务领域的规定遵守情况进行监督；确保本营控制、成本和绩效责任、开支限制得到落实；通过参谋部为营长的全营指挥工作提供支援。

第8山地后勤补给营下设5个连，1连位于福森（Füssen）地区，主要负责维持第8山地后勤补给营和平与作战时期的行动能力。1连配有通信排、物资排，前者能够利用最先进的通信手段保证与上级部队的联系，后者负责全营的物资维护。2连、3连和4连为作战连，分别驻扎在巴特·赖兴哈尔、米腾瓦尔特以及福森等地区，为第23山地步兵旅的下辖部队提供后勤保障。除了维修排和补给排之外，3个连都设有运输排，因而能够承担物资维护、存储、运输等一系列任务。5连是运输预备役连，位于福森，负责在必要情况下为部队提供预备役人员支持。

第8山地工兵营

第8山地工兵营位于巴伐利亚因戈尔施塔特地区，主要负责在冲突预防和风险处理、国土防御和集体防御等不同强度的多军种跨国联合行动中，为本营的行动进行规划、准备和落实工作。营部主要负责协助营长对本营部队以及军事行动中的下辖单位进行管理，同时在工兵派遣、爆炸物预防以及基础设施建设方面为待支援部队的军事工程小组提供支持。目前该营无论是日常训练还是具体行动，都已经实现了全部机械化。该营下设4个连，1连为参谋补给连，2连和3连为山地工兵连，4连为装甲工兵连。

第 230 山地侦察营

第 230 山地侦察营位于巴伐利亚州福森地区，主要负责维稳行动中的地面侦察、雷达侦察、空中无人侦察以及通信部队侦察，因而配备了"非洲小狐"（FENNEK）侦察车、BV206 装甲全地形车、"露娜"（LUNA）和 KZO 无人机以及其他技术侦察设备。凭借联邦国防军唯一的高山侦察车，该营能够在高山地区以及极端气候条件下执行侦察任务。

第 230 山地侦察营下设 5 个连，1 连为补给连，2 连为"非洲小狐"山地侦察连，3 连为 BV206 装甲全地形车侦察连，4 连为无人侦察连暨通信排，5 连为作战支援连，同时负责新兵训练。

第 230 驮畜作战和训练中心

第 230 驮畜作战和训练中心是联邦国防军唯一的驮畜训练和使用以及专业人员训练机构，位于巴伐利亚州巴特·赖兴哈尔地区。

尽管属于山地部队，但是第 230 驮畜作战和训练中心并不仅仅局限于山地部队任务。除了与其他兵种开展合作之外，还与其他国家的驮畜作战和训练中心开展交流，以积累相关经验。第 230 驮畜作战和训练中心在联邦国防军海外行动中的表现表明，在当前和未来冲突处理和危机预防方面，驮畜和骑兵依然扮演至关重要的角色，也是现代军事行动不可或缺的一部分。很多人和机器无法执行的任务，都有待于该中心的驮畜解决。中心下设 1 个指挥分队、1 个士官分队以及 3 个驮畜排。

第 12 坦克旅

第 12 坦克旅始建于 1956 年 7 月 1 日，旅部位于巴伐利亚州卡姆（Cham）地区，是德国陆军作战经验最为丰富的旅之一，主要职能是参与联邦国防军的联合军事行动，并对其下辖德国部队以及多国部队进行指挥。旅参谋部负责协助旅长对全旅的训练和演习计划、北约和欧盟的军事行动规划、准备和落实。第12坦克旅目前下辖7个营，分别是第8侦察营、第8山地坦克营、第104坦克营、第112装甲步兵营、第122装甲步兵营、第4装甲工兵营和第4后勤补给营。

第8侦察营

第8侦察营位于巴伐利亚的弗赖永（Freyung）地区，主要承担联邦国防军的地面侦察、空中无人侦察、战区雷达侦察以及轻型侦察部队和通信侦察部队侦察。营部协助营长的全营指挥工作，同时也承担指挥和管理任务。该营目前下辖4个连，1连为参谋补给连，2连为地面侦察连，3连为通信连，4连为无人机连。

第8山地坦克营

第8山地坦克营位于巴伐利亚的费穆德（Pfreimd）以及图林根的巴特夫兰肯豪森（Frankenhausen）地区，主要任务是强化坦克部队的国土防御能力，提高其持久力和短时间内的动员能力。营部主要负责集体防御框架下的国土防御和救灾工作。第8山地坦克营下设4个连，1连、2连和3连位于费穆德，4连位于巴特夫兰肯豪森地区。按照日常建制，第8山地坦克营营部及其下辖的1连、2连都是非现役连。如果在集体防御和国土防御框架下激活该营，那么和平时期分别隶属于第104坦克营和第393坦克营的3连及4连都要归入该营。第8山地坦克营没有配备物资和车辆，在日常运营或者军事行动中利用现役坦克营的车辆进行调动，或者租用联邦国防军运输公司车辆。

第 104 坦克营

第 104 坦克营位于巴伐利亚州费穆德地区，主要负责为陆军的军事行动做好人员准备，并参与各种强度的多军种联合行动。可以作为独立的作战部队，或者在更高级别部队框架下参与各种类别的作战行动和任务。营部负责协助营长的全营指挥工作，同时承担全营的领导和管理事务。第 104 坦克营目前下辖 4 个连，1 连为补给支援连，2 连、3 连和 4 连为坦克连，此外还包括和平时期隶属于该营的第 8 山地坦克营。

第 112 装甲步兵营

第 112 装甲步兵营位于巴伐利亚州雷根（Regen）地区，主要负责为陆军的军事行动做好人员准备，并参与各种强度的多军种联合行动。可以作为独立的作战部队，或者在更高级别部队框架下参与各种类别的作战行动和任务，如冲突预防和危机处理等。此外，该营有能力派遣机械化部队或者步兵参与国土防御和集体防御行动。营部负责协助营长的全营指挥工作，同时承担全营的领导和管理事务。第 112 装甲步兵营目前下辖 5 个连，1 连为补给支援连，2 连、3 连和 4 连为装甲步兵连，5 连为训练支援连。

第 122 装甲步兵营

第 122 装甲步兵营位于巴伐利亚州上菲希塔赫（Oberviechtach）地区，主要负责为陆军的军事行动做好人员准备，并参与各种强度的多军种联合行动。可以作为独立的作战部队，或者在更高级别部队框架下参与各种类别的作战行动和任务，如冲突预防和危机处理等。此外，该营有能力派遣机械化部队或者步兵参与国土防御和集体防御行动。营部负责协助营长的全营指挥工作，同时承担全营的领导和管理事务。第122装甲步兵营目前下辖1排5连，1排为参谋排，1连为补给支援连，2连、3连和4连为装甲步兵连，5连为训练支援连。

第4装甲工兵营

第4装甲工兵营位于巴伐利亚博根（Bogen）地区，主要负责本营参与冲突预防和危机处理、国土防御和集体防御等各种强度跨国、多军种联合军事行动的计划、准备和落实工作。营部负责为营长对下级部门的领导工作提出建议，并在工兵派遣、军械防御和基础设施方面为上级单位的军事工程小组提供支援。无论是在日常运营还是军事行动方面，该营已经完全实现了机动化。第4装甲工兵营下设1排4连。1排为工兵侦察排，主要负责工兵情报侦察工作，如地形地貌和桥梁承重情况。由于配备了先进的"非洲小狐"侦察车，侦察排能够承担任意地形的侦察任务。侦察排的重点是基础设施、障碍物、危险地形及水域的侦察和测量。工兵侦察员也可以与陆军其他部队的侦查员联合行动。1连为补给支援连，主要负责协助营长对第4装甲工兵营的领导和营指挥机构的建设和运营工作，此外还负责全营的物资补给。2连和3连为装甲工兵连，下设连指挥组、装甲工兵排、装甲工兵机械排、重型和轻型爆炸物清除排。连指挥组及其下属机构负责全连的人事、物资规划管理，同时与军事工程小组一起，在工兵事务方面为作战营提供意见建议。工兵排负责战时的直接支援或者建筑任务，可以通过设障、布雷等手段延缓、阻止或者引诱敌军的行动，或者通过渡船为本方部队的调动提供支援。此外，工兵排也可以通过建筑掩体或者保护装置提高本方部队的生存能力。在必要情况下，工兵排还可以为其他排提供人力支援，并承担安保任务。工兵机械排配备履带战车和建筑车，借助"海狸"（BIBER）装甲架桥车，工兵机械排可以在短时间内协助本方部队越过宽度达20米的水域或者壕沟。

"獾式"（DACHS）战斗工程车也可以利用其犁刀和挖掘臂在短时间内填沟平地。轻型、中型和重型爆炸物防护排主要负责对地雷、哑弹等爆炸物以及饵雷等进行侦察和清除，为本方部队和平民提供保护。此外，第4装甲工兵营还下设工兵机械连，然而在防御时期，该连隶属于第901重型工兵预备役营，所以该营使用的是其他部队番号——第901重型工兵预备役营6连，但是按照正常建制，其应该隶属于第4装甲工兵营。

第4后勤补给营

第4后勤补给营位于巴伐利亚诺丁（Roding）和费穆德地区，主要负责七大任务：一是为陆军机动旅提供后勤支援；二是通过后勤补给加强连为参战部队中的陆军提供后续补给；三是利用全营力量，同时辅以其日常建制所欠缺的系统性维护能力以及A类大范围补给连（来自陆军其他补给营），为机动旅及其下设单位提供补给；四是利用各自的管理系统、信息系统及具体方法，建立国内和国际形势登记制度，做好后勤形势评估；五是对保护任务领域的规定遵守情况进行监督；六是确保本营控制、成本和绩效责任、开支限制得到落实；七是通过参谋部对营长的全营指挥工作提供支援。第4后勤补给营下设4个连，2连位于费穆德地区，其余各连全部位于诺丁地区。

第37装甲步兵旅

第37装甲步兵旅始建于1991年4月1日，旅部位于萨克森州弗兰肯贝格地区，其下设的7个营分别驻扎在德国图林根、萨克森和巴伐利亚州的7个基地。作为德国陆军作战经验最为丰富的部队之一，第37装甲步兵旅的主要任务是负责其下辖部队或者参与共同行动的本国或多国部队的指挥、训练和演习等。该旅有能力同时应对本国或多国框架下的军事行动以及人道主义救灾行动。旅部的主要任务是军事行动的规划、准备、落实以及训练和演习计划、北约和欧盟多国演习或者军事行动的计划、准备和指挥。此外，该旅也定期为联邦国防军的海外行动提供人力和物资支持。

第37装甲步兵旅下属单位包括1个侦察营、1个坦克营、3个装甲步兵营、1个装甲工兵营和1个后勤补给营。

第13侦察营

第13侦察营位于图林根的哥达（Gotha）地区，主要承担联邦国防军的地面侦察、空中无人侦察、战区雷达侦察以及轻型侦察部队和通信侦察部队侦察。营部协助营长的全营指挥工作，同时也承担指挥和管理任务。第13侦察营下辖5个连，1连为补给支援连，2连为侦察连，下设6个"非洲小狐"侦察排，3连为轻型侦察连，下设轻型侦察排和3个通信侦察排；4连为技术侦察连，配备KZO无人机排、"露娜"无人机排以及雷达排，5连为一般侦察连。

第393坦克营

第393坦克营位于图林根巴特弗兰肯豪森地区，主要负责为陆军的军事行动做好人员准备，并参与各种强度的多军种联合行动。该营可以作为独立的作战部队，或者在更高级别部队框架下参与各种类别的作战行动和任务。营部负责协助营长的全营指挥工作，同时承担全营的领导和管理事务。第393坦克营下设5个连，总计540名官兵。1连为补给支援连，是人数最多的一个连，负责全营在和平时期或者战时、海外军事行动中的训练。指挥支援、作战支援及侦察也是1连的主要业务领域。此外，该连还设有模拟中心，主要负责对坦克部队的射击和作战模拟培训。2连、3连、4连为作战连，每个连装备14辆"豹"2A6和"豹"2A6M型主战坦克，其最大的特点是强大的火力、坦克防护能力以及机动性，因而成为德国陆军防务能力和战斗能力最强的部队之一，也是全球装备最先进的部队之一。第5连已于2014年6月30日改编为第8山地坦克营4连，在和平时期则仍然隶属于第393坦克营。

第371装甲步兵营

第371装甲步兵营位于萨克森州马林贝格（Marienberg）和弗兰肯贝格地区，主要负责为陆军的军事行动做好人员准备，并参与各种强度的多军种联合行动。可以作为独立的作战部队，或者在更高级别部队框架下参与各种类别的作战行动和任务，如冲突预防和危机处理等。此外，该营有能力派遣机械化部队或者步兵参与国土防御和集体防御行动。营部负责协助营长的全营指挥工作，同时承担全营的领导和管理事务。第371装甲步兵营下设5个连，1连为补给支援连，2连、3连和4连为装甲步兵连，5连为训练支援连。

第391装甲步兵营

第391装甲步兵营位于图林根州巴特萨尔聪根（Bad Salzungen）地区，主要负责为陆军的军事行动做好人员准备，并参与各种强度的多军种联合行动。该营可以作为独立的作战部队，或者在更高级别部队框架下参与各种类别的作战行动和任务，如冲突预防和危机处理等。此外，该营有能力派遣机械化部队或者步兵参与国土防御和集体防御行动。营部负责协助营长的全营指挥工作，同时承担全营的领导和管理事务。第391装甲步兵营下设5个连，1连为补给支援连，2连、3连和4连为装甲步兵连，5连为训练支援连。

第 909 装甲步兵营

第 909 装甲步兵营位于图林根州巴特萨尔聪根和上菲希塔赫地区，主要任务是提高装甲步兵部队完成国土防御任务的能力，提升其持久力，并负责短时间内的兵力动员工作。尤其是在国土防御方面，该营贡献巨大。营部主要负责集体防御以及救灾行动。第 909 装甲步兵营目前下设 4 个连，1 连为补给支援连，2 连、3 连和 4 连都是装甲工兵连，分别位于萨克森州马林贝格、巴特萨尔聪根和上菲希塔赫地区。

第 701 装甲工兵营

第 701 装甲工兵营位于图林根的格拉地区，主要负责本营参与冲突预防和危机处理、国土防御和集体防御等各种强度跨国、多军种联合军事行动的计划、准备和落实工作。营部负责为营长对下级部门的领导工作提供协助，并在工兵派遣、军械防御和基础设施方面为上级单位的军事工程小组提供支援。无论是在日常运营还是军事行动方面，该营已经完全实现了机动化。第 701 装甲工兵营下设 5 个连，1 连为补给支援连，2 连、3 连为装甲工兵连，4 连为装甲机械连，5 连为训练支援连。

第 131 后勤补给营

第 131 后勤补给营及其下设单位分别位于图林根州的巴特萨尔聪根、哥达以及萨克森州弗兰肯豪森地区，主要负责九大任务：一是为陆军机动旅提供后勤支援；二是通过后勤补给加强连为参战部队中的陆军提供后续供给；三是通过训练使其官兵达到作战能力要求；四是落实 2017 年 10 月提出的补给连结构调整要求；五是根据第 37 装甲步兵旅的训练计划参加演习；六是与教官合作，为中心培训机构的指挥员培训以及指挥员后备力量培训提供支援；七是利用各自的管理系统、信息系统及具体方法，建立国内和国际形势登记制度，做好后勤形势评估；八是对保护任务领域的规定遵守情况进行监督；九是通过参谋部为营长的全营指挥工作提供支援。

德法混合旅

德法混合旅（Deutsch—Französische Brigade）成立于1989年，由德法两国共同指挥。德法混合旅德国部队隶属于德国第10装甲师，法国分队隶属于法国陆军第1师。根据德国和法国政府2010年12月10日达成的协议以及德国和法国国防部长达成的技术协议，德法混合旅的主要任务包括三个领域：一是通过制定共同的原则、方法及规定促进双方的友好和相互信任；二是通过双方之间的标准化和互操作性提高军事效率；三是提高双方共同行动能力。

德法混合旅作为跨国部队，具备以下特点：

● 德法混合旅和德国及法国的其他旅一样，都是作战旅，但是其同时扮演多重角色；

● 德法混合旅是欧盟和北约一支重要的快速反应部队，参与北约的大型演习；

● 德法混合旅是军事合作的典范，尤其是在作战方面；

● 德法混合旅能够促进部队的互操作性和互补性，为所有服务对象提供丰富的经验；

● 德法混合旅不仅是双边军事合作的一个尝试，而且是一个深化军队合作的平台；

● 德法混合旅是一支参与世界各地军事行动的部队。

德法混合旅已经在国内救灾、北约在巴尔干、阿富汗以及欧盟在马里的军事行动中证明了其出色的战斗能力。此外，德法混合旅还是北约快速反应部队的核心力量，其下辖部队包括第291轻装步兵营、第292

轻装步兵营、第295炮兵营、第550装甲工兵连、德法后勤补给营、第1步兵团以及第2轻骑兵团。

第291轻装步兵营

第291轻装步兵营（Jägerbataillon 291）是德国唯一一支驻扎在法国伊尔基希—格拉芬斯塔登（Illkirch-Graffenstaden）的作战部队，主要负责德法混合旅框架内的联合作战，或者作为独立的作战部队，联合其他部队参与陆军各种强度的地面战或者特种战。第291轻装步兵营也为攻击行动、集体防御和国土防御提供作战力量，在城市巷战和复杂地形作战方面能力尤其突出。营部负责为营长的全营领导工作提供支援，同时也负责第291营的指挥和管理工作。

第291营下辖4个连，1连为补给支援连，除了连领导小组之外，1连还编配了运输组、补给组、炊事班、物资组、弹药组、技术排、维修排、通信排等。2连和3连是轻装步兵连，分别下设3个轻装步兵排、1个重型步兵排、1个指挥组、1个技术组。每个轻装步兵排下设3个步兵组，其中重型步兵组分为狙击组和"米兰"（MILAN）反坦克导弹组。4连为侦察连，设3个侦察排、1个技术侦察排、1个连指挥组和1个技术组。每个侦察排下设2个侦察班，技术侦察排下设2个雷达组和1个轻型侦察组。因为4连是独立连，所以它还有自己的补给和运输部队。

第292轻装步兵营

第292轻装步兵营（Jägerbataillon 292）位于多瑙埃兴根（Donaueschingen）和斯特滕，主要负责参加德法混合旅框架下的联合作战，或者作为独立作战部队，执行陆军各种强度的作战，尤其是地面战和特种作战。该营也为攻击行动、集体防御和国土防御提供部队，在城市巷战和复杂地形作战方面能力突出。营部为营长的全营指挥工作提供支持，同时也承担全营的指挥和管理工作。

第 292 轻装步兵营下设 5 个连，1 连至 4 连全部部署在多瑙埃兴根，5 连部署在斯特滕。1 连为参谋补给连，包括营部下设各处以及 292 营的补给单位，如炊事班、技术排、运输排、通信排等。2 连、3 连和 4 连是步兵连，每个连下设 3 个步兵排和 1 个重型步兵排。步兵排下设 3 个班，重型步兵排下设狙击组和反坦克导弹组。此外，各连还下设连指挥组和技术组。5 连为重型步兵连，装备重型武器。除了装备 20 毫米"黄鼠狼"底盘机枪炮的机枪炮排和"陶式"（TOW）反坦克武器的反坦克排之外，该连还下设装备 120 毫米迫击炮的迫击炮排。5 连的联合火力组能够引导迫击炮、炮兵火力、战机以及舰炮对同一目标实施联合打击。侦察排配备 5 个侦察班和 2 个勘察班，配备"非洲小狐"战车。此外，该连同样下设连指挥组和技术组。

第 295 炮兵营

第 295 炮兵营（Artilleriebataillon 295）位于斯特滕，主要职能是为德法混合旅以及其他作战部队提供火力和侦察支援，或者直接参战，也可以在全球范围内实现战略部署，为初期、后续及稳定行动提供支援。该营还可以为在海外执行军事行动任务的部队参谋部提供高素质人才。营部负责协助营长的全营指挥工作，并在必要情况下承担全营的管理工作。

第 295 炮兵营下设 1 个参谋处和 6 个连。参谋处在和平和行动时期主要负责协助营长的全营指挥工作。在军事行动或者演习期间，参谋处行使指挥部职能，同时负责后勤和管理工作规划。参谋部各单位可以组成联合火力支援协调小组，扮演作战单位的联络和咨询机构角色。1 连为补给连，下设通信、维修、物资经营和运输排。通信排配备最先进的通信设备，通过卫星通信以及无线电通信尤其是陆军指挥和信息系统保持与其他单位的联络。维修排主要负责通信设备、武器装备、轮式和履带式战车的维护。物资经营排负责配件、燃油、弹药、膳食的供给和运输。2连和3连是装甲步兵连，配备世界上最先进的火炮系统——2000式自行榴弹炮，其目标数据和发射口令全部来自联合火力支援小组，其能够通过陆、海、空立体化手段为作战部队提供火力支援。2连和3连全部配备"阿布拉"（ABRA）炮位侦察雷达，能够对敌军的部队调动进行侦察，为作战部队提供目标参数。4连为火箭炮连，配备MARS II火箭炮。该连既可以通过反坦克地雷进行地段防御，也可以通过GM-LRS制导多管火箭炮对80千米之外的目标进行精确打击。5连为侦察连，装备了多款现代化侦察系统，如当前最先进的"柯布拉"（COBRA）火炮定位雷达、KZO无人侦察机等。除此之外，侦察连还下设天气组，并配备ATMAS大气测量和评估系统，为射击指挥组提供实时天气数据。6连为训练支援连，主要负责士兵的基本训练，受训士兵可以分配到陆军的所有部队。

第550装甲工兵连

第550装甲工兵连（Panzerpionierkompanie 550）位于斯特滕，主要负责在延缓敌军前进、服务本方部队行军、提高生存能力方面为德法混合旅提供支援，也可以在德法混合旅下辖部队联合作战方面给予直接支援。该连下辖1个连指挥组、1个工兵支援组、1个补给组、1个技术组、2个工兵排、1个轻型/中型爆炸物防护排、1个重型爆炸物防护排以及1个装甲工兵机械排。

德法后勤补给营

德法后勤补给营（Deutsch-Französisches Versorgungsbataillon）作为德法两国联合设立的部队，位于米尔海姆

(Müllheim)和多瑙辛根地区，具备指挥支援、补充供给、装备维修、物资采购、运输、基地运营等后勤能力，其主要职能是为德法混合旅在执行两国陆军任务时提供后勤支援。

德法后勤补给营下设3个连和1个参谋部。1连为补给支援连，主要负责在一级后勤方面维持后勤补给营的行动能力。因为是德法混合旅下辖单位，所以支援连除了德国通信排之外，既设有德国技术排，又设有法国技术排，还有德法联合物资采购排。连长由两国军官交替担任，任期2年。第2补给连是德法混合连，德法两国各配指挥官一名，下设2个德国运输排，此外法国还分别配备了运输排、补给排和交通排各一个。在日常工作中，第2补给连根据营长指示，为德法联合旅下辖单位提供补给，同时还负责德法联合旅危险物资运输驾驶员培训。在军事行动中，2连负责所有补给物资运输。第3连位于多瑙辛根，是德法混合旅唯一一个非混合连，下设转运排、维修排。转运排在和平时期也需承担现实任务，为德国南部的10个单位提供非消费品和个人消费品，国外部队的补给和支援也属于其任务范畴。维修排负责德法混合旅二级后勤物资，如战车、武器的维修，此外也派遣维修小组到国内外部队单位执行任务。

第1步兵团

隶属于德法混合旅的法国第1步兵团（1. Infanterieregiment）位于法国萨尔堡地区（Sarrebourg），下设1个参谋连、1个侦察连、4个作战连和1个预备役连。从新兵基本训练开始，第1步兵团就接受法国陆军独一无二的特训，因而尤其擅长室内战。此外，第1步兵团的机动能力和侦察能力也非常突出，尤其是后者使得德法混合旅的其他部队也受益匪浅。第1步兵团装备齐全，能够适应各种强度的作战，日战、夜战、室内战和野外战能力极强。由于能力的全面性和专业性，第1步兵团已多次承担海外派兵任务。

第 3 轻骑兵团

隶属于德法混合旅的法国第 3 轻骑兵团（3．Husarenregiment）位于法国的梅茨（Metz）地区，其任务以侦察为主，下设 1 个参谋补给连、3 个侦察连、1 个海外行动支援连、1 个轻型侦察连（预备役）。

第 131 炮兵营

第 131 炮兵营（Artilleriebataillon 131）位于巴伐利亚瓦尔登（Weiden）地区，负责为德法混合旅或者承担行动任务的部队提供火力和侦察支援，也可以直接参与作战，实现全球战略部署，为联邦国防军的初期、后期和维稳战役提供支援。此外，该营还为参与军事行动的同级别部队参谋部提供高级专业人员支持。营部为营长的全营指挥工作提供支援，同时也承担全营的指挥和管理工作。第 131 营下设 6 个连。1 连为补给支援连，负责全营的物资管理、补给、膳食、维修等任务。2 连为侦察连，负责监控侦察区域，并对敌军炮兵的火力以及迫击炮位置进行定位。为了更好地完成这一任务，2 连装备了 KZO 无人侦察机。气象排负责为作战部队提供天气预报。3 连为火箭炮连，装备了 MARS II 火箭炮，该连既可通过反坦克地雷进行地段防御，也可通过 GMLRS 制导多管火箭炮在 80 千米之外对目标进行精确打击。4 连和 5 连为装甲炮兵连，分别装备了 8 门 2000 式装甲榴弹炮，有能力对目标进行远距离打击。此外，4 连和 5 连都配备联合火力支援小组，他们可以和作战部队、空军、海军联合作战。6 连为由预备役组成的补充部队，编制 245 人。

第345炮兵教导营

第345炮兵教导营（Artillerielehrbataillon 345）位于莱茵兰·普法尔茨州的伊达尔—奥伯施泰因地区，负责为德法混合旅或者其他承担行动任务的部队提供火力和侦察支援，也可以直接参与作战，能够实现全球战略部署，对联邦国防军的初期、后期和维稳战役提供支援。此外，该营也为参与军事行动的同级别部队参谋部提供高级专业人员支持，营部为营长的全营指挥工作提供支援，同时也承担全营的指挥和管理工作。该营还可利用迫击炮为部队行动和演习提供支援。

第345炮兵教导营下设7连1处。1连为补给支援连，2连为地面和空中侦察连，3连为火箭炮连，装备多管火箭炮，4连和5连配备榴弹炮，6连配备迫击炮，7连为补充部队。此外，在伊达尔—奥伯施泰因地区还有地方职业培训和进修指导处。

第905工兵营

第905工兵营（Pionierbataillon 905）位于因戈尔施塔特，隶属于第10装甲师，下设4个连，分别位于因戈尔施塔特、霍尔茨明登和格拉地区，主要使命是协助工兵部队完成国土防御和集体防御任务，提高部队的短期动员能力。参与救灾行动也是该营的任务之一。在日常运行中，该营主要负责部队的训练和演习计划制定、准备和实施。此外，该营还承担赋予该营的和平行动任务。在国土防御和集体防御时期，该营工兵连为位于霍尔茨明登和格拉地区的工兵营提供支援。

第905工兵营的具体任务包括：
- 使用工兵武器和机器；

- 清除障碍；
- 辅助桥梁建设；
- 辅助道路建设和维护；
- 使用快艇；
- 设施建筑和维护；
- 工兵行动勘察；
- 延缓敌军行进；
- 提高部队生存能力，改善行动条件；
- 为各种类别的行动和特种作战提供直接支援。

快速反应师

快速反应师（Division Schnelle Kräfte）始建于2001年4月1日，师部位于施塔特阿伦多夫，编制约1.18万人，其中约9500人来自德国，2300人来自荷兰。其主要使命包括：

- 应对危机处理的军事疏散行动：在24—96小时之内，能够快速部署到世界各地，通过军事手段对身处危机或者战乱地区的本国及其他国家公民进行疏散。如果在国外出现人质劫持，则出动特种部队司令部进行营救。
- 空中机动作战：通过武装直升机及运输直升机发挥轻装步兵的能力，目的是从军事对手手中夺取主动权。在这种情况下，本方部队也可在短时间内进入敌方控制区域执行任务。出其不意、行动速度及灵活机动是空中机动作战取得成功的重要保证，这也需要地面部队和空中部队之间的专业配合与相互信任。

●快速攻击行动：快速反应师在第一时间快速部署到行动区域，并在随后的军事行动中将本方其他部队和可能的多国部队部署到相关区域。在可能情况下快速占领重要的基础设施，如机场和港口等，为其他部队在相关区域的行动创造条件。

●联邦国防军搜救行动：联邦国防军军事搜救工作是德国搜救工作的重要组成部分。所有在德国发生特别状况的飞机，无论属于哪个国家，都可以获得搜救。搜救工作包括使用直升机搜索失踪或者坠毁的飞机；对成员进行营救和医学急救；将生还者运送到治疗机构。为了完成这一任务，快速反应师需要全天候做好飞行准备，并具备应对危险情况和时间压力的能力。

快速反应师目前下设 2 个空中机动旅、1 个特种部队司令部、1 个武装直升机团、2 个运输直升机团、1 个搜救协调中心和 1 个陆军旋翼机系统中心。

第 1 空中机动旅

第 1 空中机动旅（Luftlandebrigade 1）成立于 2015 年 4 月 1 日，现有编制约 4100 人，旅部位于萨尔路易（Saarlouis），其主要使命包括：

● 危机处理；

● 特种作战的计划、准备和实施（特别是军事疏散行动和武装撤退）；

● 参与多国部队；

● 派遣部队参与各种强度的军事行动任务，包括维稳战、进攻战、国土防御及集体防御；

● 为轻装部队的初始行动提供支援；

● 为特种部队联合作战提供特种力量；

● 为空中机动行动提供步兵支援；

● 为北约快速反应部队和欧洲快速反应部队提供力量。

第 1 空中机动旅下辖 1 个参谋通信连、2 个空降兵团、2 个空中机动侦察连和 2 个空中机动工兵连。

参谋通信连

参谋通信连位于萨尔路易，主要负责为第 1 空中机动旅的部队指挥工作提供支援，保证下辖部队的能力训练，并对旅部及下辖部队所使用的指挥信息系统提供训练，同时还负责密码系统管理和频率管理协调工作，代表第 1 机动旅领导下辖单位、周边国家或者多国部队的训练工作。参谋通信连与联合支援部队的指挥支援部队合作，保证机动指挥设施的网络通信安全。此外，参谋通信连还负责旅部的快速反应部署能力以及人员和物资快速恢复，因而也承担补给、物资管理、储备等任务。参谋通信连下辖单位包括通信排、调查和安全排、补给排、运输排及技术排。

第 26 空降兵团

第 26 空降兵团始建于 2015 年 4 月 1 日，团部位于莱茵兰·普法尔茨州的茨韦布吕肯（Zweibrücken）地区，主要负责全团的指挥和补给以及部队 1 类医疗卫生补给。该团原则上可以承担所有地面站任务，并通过空中机动快速反应排为维稳行动提供支援，或者提供 2 个连的兵力参与德国荷兰特遣部队的空中支援行动。根据需要，第 26 空降兵团和第 31 空降兵团交替执行军事疏散行动和武装撤退，或者直接为特种部队的行动提供战术支援。

第 26 空降兵团下设 11 个连。1 连为参谋补给连；2 连和 3 连为特种步兵连，由高级伞兵组成；4 连、5 连和 6 连为特种步兵连，由伞兵组成；7 连为特种步兵连，由重型伞兵组成；8 连为空降支援连；9 连为空降卫生连；10 连为非现役特种步兵连，由伞兵组成；11 连为训练支援连。

第 31 空降兵团

第 31 空降兵团团部位于下萨克森州的塞多夫（Seedorf）地区，主要负责全团的指挥和补给以及部队 1 类医疗卫生补给。该团原则上可以承担所有地面站任务，并通过空中机动快速反应排为维稳行动提供支援，或者提供 2 个连的兵力参与德国荷兰特遣部队的空中支援行动。根据需要，第 31 空降兵团和第 26 空降兵团交替执行军事疏散行动和武装撤退，或者直接为特种部队的行动提供战术支援。

第 31 空降兵团下设 11 个连。1 连为参谋补给连；2 连和 3 连为特种步兵连，由高级伞兵组成；4 连、5 连和 6 连为特种步兵连，由伞兵组成；7 连为特种步兵连，由重型伞兵组成；8 连为空降支援连；9 连为空降卫生连；10 连为非现役特种步兵连，由伞兵组成；11 连为训练支援连。

第 260 空降侦察连

第 260 空降侦察连位于萨尔州的雷巴赫（Lebach）地区，主要通过地面侦察、远程侦察、战场雷达侦察和空中无人成像侦察等手段获取情报，出色的空降能力能够保证其承担联邦国防军空降旅和快速反应师的所有侦察任务。

第 260 空降侦察连目前编制约 300 人，下辖连指挥组、补给组、技术组、通信组、空降组、第 1 侦察排、第 2 侦察排、技术侦察排、无人机排和军事情报排。指挥组负责协助连长的全营指挥和训练工作。空降侦察排利用"黄鼠狼"侦察机完成侦察任务。2 个侦察排主要负责战术和战役层面的远程情报侦察。技术侦查排通过 BOR-A 地面雷达系统以及"阿拉丁"近距离侦察无人机和"米加多"微型无人机进行成像侦察。无人机排借助"露娜"无人侦察机进行侦察。军事情报排主要通过与当地居民开展有目的的谈话，或者对相关人员和目标进行观察获取情报。

第 310 空降侦察连

第 310 空降侦察连位于下萨克森州的塞多夫地区，主要通过地面侦察、远程侦察、战场雷达侦察和空中无人成像侦察等手段获取情报，出色的空降能力能够保证其承担联邦国防军空降旅和快速反应师的所有侦察任务。

第 310 空降侦察连目前编制约 300 人，下辖连指挥组、维修补给组、培训排、技术侦察排、军事情报排、"露娜"无人机排、2 个远程侦察排。指挥组负责协助连长的全营指挥和训练工作。维修和补给组负责全连的后勤支援。2 个侦察排全部配备"黄鼠狼"1 型侦察机。技术侦察排利用轻型战场侦察雷达 LEGAR 以及"阿拉丁"近距离空中侦察无人机开展侦察任务。

第 260 空降工兵连

第 260 空降工兵连位于萨尔州的萨尔路易地区，主要负责为在多国、跨军种联合作战框架下承担冲突预防和危机处理、国土防御和集体防御等任务的部队提供一般性和直接的工兵支援。该连已经实现了全部机动和部分空中机动，具备跳伞和空降能力，因此在地面战尤其是空中机动战、营救和疏散行动、针对隐蔽作战对手的行动、城市战、闪电战等方面可以为本方部队提供直接的工兵支援。

第 260 空降工兵连目前编制约 170 人，下辖 1 个补给组、1 个运输组、1 个技术组、2 个空降工兵排和 1 个空降机械排。补给、运输及技术组主要负责全连的后勤补给；该连的大部分任务主要由空降工兵排和空降机械排完成。

第 270 空降工兵连

第 270 空降工兵连位于下萨克森州的塞多夫地区，主要负责为在多国、跨军种联合作战框架下承担冲突预防和危机处理、国土防御和集体防御等任务的部队提供一般性和直接的工兵支援。第 270 空降工兵连已经实现了全部机动和部分空中机动，具备跳伞和空降能力，因此在地面战尤其是空中机动战、营救和疏散行动、针对隐蔽作战对手的行动、城市战、闪电战等方面可以为本方部队提供直接的工兵支援。

第 270 空降工兵连目前下辖连指挥部、军事工程小组、补给组、技术组、2 个空降工兵排、空降炸弹防御排和空降工兵机械排。

第 11 空中机动旅

第 11 空中机动旅始建于 1992 年，是荷兰独立旅，总部位于荷兰斯哈尔斯贝亨（Schaarsbergen）和阿森（Assen）地区，由荷兰陆军和空军的下属部队组成，目前编制约 2000 人。该旅下辖的步兵营配有伞兵，已经实现了完全机动，可以在 5—20 天内将其人员、武器和补给单位部署到全世界的任何地区，以执行北约、欧盟及联合国的任务。1994—2002 年，第 11 空中机动旅成为北约多国师中心的重要组成部分，参与了北约伊拉克和阿富汗维和行动。自 2014 年 1 月 4 日开始，该旅隶属于德军快速反应师，在施塔特阿伦多夫正式开始履行使命。这也是在德国历史上首次将荷兰作战部队纳入联邦国防军框架之下。第 11 机动旅下辖第 11 参谋连、第 11、第 12 和第 13 空中机动营、第 11 工兵连、第 11 维修连、第 11 补给连和第 20 预备役营。

特种部队司令部

特种部队司令部（Kommando Spezialkräfte）始建于1996年9月20日，总部位于巴登·符腾堡州的卡尔夫（Calw）地区，是德国陆军特种部队，编制约1100人。负责承担联邦国防军普通部队无法胜任的重大任务。作为联邦国防军特种部队中的精英，特种部队司令部已经成为德国风险预防的重要机构。

特种部队司令部的主要任务包括：

- 救援：对被劫持或者面临恐怖威胁的德国公民展开救援；
- 抓捕：对国外目标实施抓捕；
- 特种侦察：为战略和战役层面搜集危机冲突区域的重要情报，并进行安全、及时传递；
- 攻击：采取攻击性措施以应对恐怖主义威胁，通过早期侦察打击具有破坏性的对手，将可能威胁扼杀于摇篮；
- 保护：为本方部队和人员提供保护；
- 安全：保证物资安全；
- 作战：针对具有战略、战役性意义的目标展开攻击，包括破坏对手重要的建筑物和指挥系统等；
- 隐蔽作战：执行联邦国防军的隐蔽作战任务。

特种部队司令部所面临任务的多样性和艰巨性要求其具备特殊的行动能力，这也表现在其架构设置方面。特种部队司令部由作战部队和支援部队两支力量组成，作战部队下设4个特战连、1个训练中心和1个特种突击队连；支援部队下设参谋补给连、支援连、通信连和卫生连。

作为特种任务的直接承担者，特战队员是特种部队司令部的核心。此外，负责后勤和医疗补给的支援部队也是特种部队司令部不可或缺的一部分，他们共同保证了特种部队司令部的作战能力。

除了单独执行任务之外，特种部队司令部也会与其他专业部队联合行动，如高级伞兵和陆军航空兵直升机部队。高级伞兵主要负责保证特种部队行动的外围安全，空军特种行动部队主要通过直升机空运保证特种部队司令部队员的高度机动性。

第 36 武装直升机团

第 36 武装直升机团（Kampfhubschrauberregiment 36）成立于 1979 年 10 月 2 日，总部位于黑森州的弗里茨拉尔（Fritzlar）地区，编制约 1390 人，其主要任务包括：

- 集体防御框架下的联合作战；
- 为盟军及北约、欧盟和联合国危机管理任务框架下的维和使命提供支援；
- 救援行动支援；
- 特种部队和专业部队支援；
- 救灾行动。

第 36 武装直升机团团部负责协助团长的全团指挥工作，同时也承担本团的指挥和管理任务。除团部之外，第 36 武装直升机团还下设 6 个飞行中队。

第 10 运输直升机团

第 10 运输直升机团（Transporthubschrauberregiment 10）成立于 2003 年 1 月 1 日，总部位于下萨克森州法斯伯格（Faßberg）地区，其前身是 1971 年 4 月 1 日成立的陆军航空兵第 10 团。该团目前的主要任务包括：

- 集体防御框架下的联合作战；
- 为盟军及北约、欧盟和联合国危机管理任务框架下的维和使命提供支援；

- 救援行动支援；
- 特种部队和专业部队支援；
- 救灾行动。

团部负责协助团长的全团指挥工作，同时也承担本团的指挥和管理任务。除团部之外，第36武装直升机团下设6个飞行中队：第1中队为补给支援中队；第2和第3中队为作战中队；第4中队为飞行技术支援中队；第5中队为维护中队；第6中队为维修中队。

第30运输直升机团

第30运输直升机团（Transporthubschrauberregiment 30）成立于2003年10月1日，位于巴登·符腾堡州的下施特滕（Niederstetten）地区，其前身是1971年4月1日成立的陆军航空兵第30团。该团的主要任务包括：

- 集体防御框架下的联合作战；
- 为盟军及北约、欧盟和联合国危机管理任务框架下的维和使命提供支援；
- 救援行动支援；
- 特种部队和专业部队支援；
- 救灾行动；
- 第30运输直升机团下设7个飞行中队和1个UH–1D搜救作战小组。

陆军旋翼机系统中心

陆军旋翼机系统中心（Systemzentrum Drehflügler Heer）成立于2015年7月，位于巴伐利亚州的多瑙沃特（Donauwörth）地区，由NH90/TIGER系统支援中心和原合作模式单元组合而成，后者目前作为旋翼机维修合作部队，受陆军旋翼机系统中心统一指挥。然而在业务方面，二者目前仍然相互独立。

其一，NH90/TIGER 系统支援中心军事部已经归入入系统支援中心，其核心任务主要包括：

• 通过 UH-TIGER 和 NH90 直升机的系统用户平台与部队和客户保持联系；

• 在 UH-TIGER 和 NH90 出现航空电子学故障时，通过云计算或者机动分析小组对国内外的武器装备部队进行系统分析；

• 对 16 款不同的机载电脑系统软件进行维护、修改和更新；

• 对系统工程师、技术人员和检察人员进行专业培训。

其二，旋翼机维护合作部队负责保证国内外直升机（NH90 和 TIGER）分队结构方面的作战准备，具体包括：

• 在纤维复合材料结构领域保持和建设独立的认知和评估能力；

• 开发、定义和执行 ML3 以下材料的结构维修（交互式电子技术文档和工作室技术规则除外），同时参与共同签署和批准流程；

• 建立多达 6 个机动维修团队，保证能够同时支援 3 项国内外军事行动（包括军事疏散行动）。

除机动维修部队之外，陆军旋翼机系统中心部队官兵也会在地方公司的不同部门行使职能，如直升机部队军官可能进入设计、统计或者技术部门，其任务包括检验、制定维修标准或者落实相关项目等。

欧洲军

欧洲军（Eurokorps）成立于 1993 年 10 月 1 日，是根据 1992 年德法两国协议成立并在此基础上不断扩大的欧洲多国部队，总部位于法国的斯特拉斯堡（Straßburg）。

根据德法两国政府和北约协议，欧洲军在保持自身特性的基础上也可以接受北约调遣。欧洲军的初始成员国只有德法两国，随后陆续扩大到10个国家，其中德国、法国、西班牙、比利时、卢森堡为框架国，希腊、意大利、波兰、土耳其和罗马尼亚为补充国。欧洲军是欧盟在共同安全与防务政策道路上迈出的重要一步，其最终目的是加强成员国武装部队之间的协调，更好地履行维和和危机处理等任务。

自1995年以来，欧洲军已经先后参加了波斯尼亚、科索沃、阿富汗等地区的一系列军事行动。从2015年下半年开始，欧洲军又开始承担马里特训团、中非共和国特训团等海外任务，同时还扮演了欧盟作战部队总部角色。

欧洲军目前下辖部队包括：
- 斯特拉斯堡多国部队司令部；
- 多国指挥支援旅；
- 德法混合旅；
- 1个法国旅；
- 1个德国师；
- 比利时第1重型旅；
- 1个卢森堡侦察连；
- 3个西班牙重型旅；
- 通信连。

第1德荷军

第1德荷军（I. Deutsch-Niederländisches Corps）成立于1995年8月，总部位于德国北莱茵·威斯特法伦州的敏斯特（Münster）地区。第1德荷军由德国和荷兰建

议成立，此后比利时、捷克、法国、希腊、意大利、挪威、西班牙、土耳其、英国和美国等 10 个国家也加入其中。第 1 德荷军常备力量为 1200 人，在执行军事行动时可达 8 万人。该军团是北约盟军力量欧洲最高总部（SHAPE）可快速部署的部队之一，有能力执行多国任务，可以为北约快速反应部队、快速进攻部队提供人力支援。第 1 德荷军参与国的军队仍然由相关国家负责指挥。

第 1 德荷军常设机构包括参谋支援营和通信营。在特定情况下，德国第 1 装甲师和荷兰第 43 机动旅可以供其指挥。2015 年 9 月，德荷两国国防部长达成协议，荷兰第 43 机动旅转隶德国第 1 装甲师，德国第 414 坦克营归入第 43 机动旅，同时将荷兰陆军的一个连纳入德国第 414 坦克营。

东北多国军

东北多国军（Multinationales Korps Nordost）总部位于波兰什切青，于 1999 年由丹麦、波兰和德国建议成立，此后比利时、爱沙尼亚、芬兰、法国、希腊、爱尔兰、加拿大、克罗地亚、拉脱维亚、立陶宛、荷兰、挪威、罗马尼亚、瑞典、斯洛伐克、斯洛文尼亚、捷克、土耳其、匈牙利、英国和美国也加入其中。领导国为 3 个创始成员国德国、丹麦和波兰，其余部队由相关国家各自指挥。该军团是北约盟军力量欧洲最高总部可快速部署的部队之一，主要任务包括北约第 5 条款框架下的集体防御规划和实施、多国部队的维和行动、救援救灾行动等。

东北多国军的常设部队包括：

- 波兰参谋连；
- 多国通信排；
- 多国指挥支援旅。

紧急情况下的下辖部队包括：

- 丹麦1个师和1个通信营；
- 德国第1装甲师和第610通信营；
- 波兰什切青第12装甲师和第100通信营。

第二章 海 军

　　海军是联邦国防军最早建立的军种之一，目前编制约1.6万人。海军的最高指挥官为海军监察长，他和两位副监察长共同构成海军的最高指挥层。海军监察长为海军中将军衔，副监察长与监察长军衔一致，参谋长为少将军衔。

海军司令部

海军司令部（Marinekommando）成立于 2012 年 10 月 1 日，总部位于罗斯托克（Rostock），是德国海军监察长的参谋部，也是海军最高指挥机构。它是在联邦国防军的转型过程中由位于波恩（Bonn）的海军指挥参谋部、位于格吕克斯堡（Glücksburg）的舰队司令部以及位于罗斯托克的海军局联合组建而成，因而承担多种职能。

海军司令部是海军最高指挥机构，负责下辖单位的领导工作，同时还负责作战指挥任务。其下辖 2 个指挥机构，一个是海军作战中心（Operationszentrale），负责协助海军监察长履行职责。海军作战中心总部目前设在前舰队司令部旧址，位于罗斯托克的海军新作战中心正在建设之中。第二个指挥机构是正在建设之中的波罗的海海上部队司令部（Baltic Maritime Component Command），它也是目前正在建设的德国海上部队作战参谋部的核心。二者都服务于高级战术层面的指挥工作，具备波罗的海近海作战专业能力，并与位于基尔（Kiel）的沿海行动卓越中心开展密切合作。

海军司令部下设 5 个局，分别是：
- 作战局；
- 规划局；
- 人事教育和组织局；
- 作战支援局；

- 海军医疗卫生局。

此外,海军司令部的重要参谋机构(人员)还包括海军救灾专员、法律顾问、海军新闻和信息中心、中心办公室、柏林办事处以及控制处。

海军第1舰队

海军第1舰队(Einsatzflottille 1)始建于2006年6月29日,总部位于石勒苏益格·荷尔斯泰因州的基尔地区,隶属于海军司令部。第1舰队的主要任务是联邦国防军近海作战能力建设。舰队参谋部主要负责海上部队的指挥工作。前任司令托马斯·于格尔(Thomas Jugel)曾负责领导欧盟在印度洋的"亚特兰大"海军行动。此外,第1舰队司令还兼任北约认证的沿海行动卓越中心主任。海军第1舰队下辖部队包括第1护卫舰支队、第3扫雷支队、支援支队、第1潜艇支队、海军陆战营、海军特种部队司令部、海军第1舰队基地司令部、受限和浅水区作战卓越中心。

第1护卫舰支队

海军第1护卫舰支队始建于2006年6月29日,隶属于海军第1舰队,总部位于麦克伦堡·前伯梅州罗斯托克的高沙丘提(Hohe Düne)地区。支队下辖单位包括1个参谋部和5艘"布伦瑞克"(Braunschweig)级护卫舰(K-130级),分别是:

● F260 号"布伦瑞克"级护卫舰,母港位于瓦内穆德(Warnemünde)海军基地;

● F261 号"马格德堡"级(Magdeburg)护卫舰,母港位于瓦内穆德海军基地;

● F262 号"埃尔福特"级(Erfurt)护卫舰,母港位于瓦内穆德海军基地;

● F263 号"奥尔登堡"级护卫舰,母港位于瓦内穆德海军基地;

● F264 号"路德维希港"级(Ludwigshafen)护卫舰,母港位于罗斯托克海军基地。

由于"布伦瑞克"级护卫舰吃水较浅,第 1 护卫舰支队可以在全球范围内的沿海水域和近海水域开展行动。"布伦瑞克"级护卫舰设备先进,尤其是在船舶自动化、网络技术、武器和指挥系统软件方面都使用了最先进的技术。该护卫舰一些重要的元件都有备份,其复杂的网络设计使得护卫舰在受损的情况下依然能够进行信息处理并完成通信工作,而且还具有隐身性能,不易被锁定。护卫舰装备的卫星制导导弹能够对陆地目标进行精确打击,同时还可以利用 RAM 导弹进行自卫。此外,"布伦瑞克"级护卫舰还装备了无人机,能够对雷达区域以外范围进行监视。在 2025 年之前,德国还计划另建 5 艘"布伦瑞克"级护卫舰。

第 3 扫雷支队

第 3 扫雷支队(3. Minensuchgeschwader)始建于 1956 年 10 月 2 日,是德国海军 8 个扫雷支队中仅存的现役部队,总部位于石勒苏益格·荷尔斯泰因的基尔地区,编制约 800 人。

第 3 扫雷支队目前装备 10 艘"弗兰肯塔尔"级(Frankenthal)扫雷舰,分别是:

● M1058 号"福尔达"级(Fulda)扫雷舰;

- M1059号"瓦尔海姆"级 Weilheim）扫雷舰；
- M1061号"洛特瓦尔"级（Rottweil）扫雷舰；
- M1062号"苏尔茨巴赫-罗森博格"级（Sulzbach-Rosenberg）扫雷舰；
- M1063号"巴特·贝文森"级（Bad Bevensen）扫雷舰；
- M1064号"格雷米茨"级（Grömitz）扫雷舰；
- M1065号"迪力根"级（Dilligen）扫雷舰；
- M1067号"巴特拉珀瑙"级（Bad Rappenau）扫雷舰；
- M1068号"达特尔"级（Datteln）扫雷舰；
- M1069号"巴特洪堡"级（Homburg）扫雷舰。

此外，第3扫雷支队还装备2艘"恩斯道夫"级（Ensdorf）扫雷舰，分别是：

- M1090号"佩格尼茨"级（Pegnitz）扫雷舰；
- M1098号"锡格堡"级（Siegburg）扫雷舰。

支援支队

支援支队（Unterstützungsgeschwader）成立于2016年9月27日，基地位于石勒苏益格·荷尔斯泰因的基尔地区。

支援支队装备5艘"易北"级（Elbe）支援舰，能够为海上舰队提供燃料、水以及武器弹药补给，还可以承担维护和废弃物处理工作。5艘支援舰分别为：

- A511号"易北"级支援舰，母港位于瓦尔内明德海军基地；
- A512号"摩泽尔"级（Mosel）支援舰，母港位于基尔海军基地；
- A513号"莱茵"级（Rhein）支援舰，母港位于基尔海军基地；
- A514号"维尔拉"级（Werra）支援舰，母港位于基尔海军基地；

- A516 号"多瑙"级（Donau）支援舰，母港位于瓦尔内明德海军基地。

第 1 潜艇支队

第 1 潜艇支队（1. Ubootgeschwader）始建于 1961 年 10 月 1 日，基地位于石勒苏益格·荷尔斯泰因海军基地。第一潜艇支队目前装备 6 艘 212A 型潜艇、1 艘"易北"级支援舰以及 3 艘"欧斯特"级（Oste）电子侦察船，分别为：

- S181 号 212A 型 U 31 潜艇，乘员 27 人；
- S182 号 212A 型 U 32 潜艇，乘员 26 人；
- S183 号 212A 型 U 33 潜艇，乘员 28 人；
- S184 号 212A 型 U 34 潜艇，乘员 33 人；
- S185 号 212A 型 U 35 潜艇，乘员 33 人；
- S186 号 212A 型 U 36 潜艇，乘员 28 人；
- A52 号"欧斯特"级侦察船；
- A53 号"欧克尔"级（Oker）侦察船；
- A50 号"阿尔斯特"级（Alster）侦察船；
- A515 号"美因"级（Main）支援舰。

除此之外，海军第 1 潜艇支队还下设潜艇培训中心。中心始建于 1959 年 8 月 1 日，总部位于石勒苏益格·荷尔斯泰因州的埃肯弗德（Eckernförde）海军基地，主要负责海军潜艇官兵的个人训练以及团队训练。

海军陆战营

海军陆战营（Das Seebataillon）成立于2014年4月1日，编制800人左右，总部位于石勒苏益格·荷尔斯泰因州的埃肯弗德海军基地。海军陆战营的主体架构包括参谋部、训练中心、支援连以及4个行动连——地面行动连、海岸行动连、潜水连和侦察连。根据集体防御框架规定，海军陆战营主要负责冲突预防、危机处理以及维和等国际行动，具体包括救灾行动、疏散、护航、反恐、侦察、水下和地面爆炸物排除等。

为了更好地完成上述任务，海军陆战营配备了很多先进的武器装备，包括装甲车、远程操控水下潜航器、无人机等。陆战队员训练有素，体能和意志力突出，经常以小规模的机动小组等形式开展联合行动。

海军特种部队司令部

海军特种部队司令部（Kommando Spezialkräfte der Marine）成立于2014年4月1日，总部位于埃肯弗德，编制约130人。海军特种部队司令部与海军陆战营共同组成了海军陆战队。

海军特种部队司令部的主要任务是武装疏散、反恐、侦察、关键情报搜集等，同时还负责本国船只以及港口的安全。该突击队可以从海上、空中以及陆地展开行动。除了执行本国任务之外，其也可以为盟国提供培训支持。

在组织架构方面，海军特种部队司令部下设参谋部、卫生勤务中心、防爆排、训练教导连以及蛙人连。蛙人连下设3个行动组以及海、陆、空行动分队。

海军第 1 舰队基地司令部

海军第 1 舰队基地司令部（Marinestützpunktkommando Einsatzflottille 1）始建于 2001 年 10 月 1 日，总部位于基尔，主要负责海军舰队停泊港口的日常运营，并做好拖船和吸油船的行动准备工作。该司令部下辖 3 个基地，分别是埃肯弗德基地、基尔基地以及瓦尔内明德基地。基地编制约为 144 名军人和 103 名文职人员。

受限和浅水区作战卓越中心

卓越中心是为支持北约转型而成立的国际军事组织。受限和浅水区作战卓越中心（Centre of Excellence for Operations in Confined and Shallow Waters）作为北约卓越中心计划的一部分，成立于 2007 年 4 月，并于 2009 年 3 月获得北约认证通过。受限和潜水区作战卓越中心建立国为德国，参与国包括芬兰、希腊、荷兰、波兰、土耳其和美国，总部位于基尔，中心主任由德国海军第 1 舰队司令兼任。

由于受限和浅水区域不同于公海，海岸线、岛屿等复杂地形不仅会影响海军的演习和军事行动，也会对传感器甚至舰船航行产生影响，因而会放大非对称威胁带来的危害。与此同时，由于受限和浅水区存在大量海上贸易、民间捕捞等活动，可能存在人口、武器和毒品交易，甚至会出现海盗袭击事件。此外，由于水域界限模糊，因而会在主权方面出现纠纷，尤其是海底资源经常引发争端，这也是影响地区稳定的重要诱因。

基于上述原因，受限和浅水区作战卓越中心的主要目的就是搜集受限和浅水区域的水文信息，在此基础上制定相关水域的海军培训和军事行动原则，重点是与空中支援部队、特种部队和专业部队的潜艇、鱼雷部队、快艇、两栖部队开展合作。中心的另一个目的是为受限和浅水区域联合作战的计划和指挥提供数据支持，从战略层面促进北约的转型，提高海军的互操作性和能力。

为了更好地完成上述目标，受限和浅水区作战卓越中心下设3个处，分别是发展与对外关系处、分析和实施处、主题专家处。发展与对外关系处主要负责评估行动的框架条件，分析未来的行动要求，进而制定军事行动的原则和方法。该处还通过中心科研成果对未来受限和潜水区域行动进行评估，促进部队的互操作性和行动方法标准化，并与不同机构、部门保持合作。分析和实施处主要负责对流程和方案进行检验评估和完善工作。主题专家处则扮演中心战役、战略能力中心角色。三个处通过项目进行直接合作，不必遵循传统的分层合作结构，可以有效提高现有资源的使用效率。

海军第2舰队

海军第2舰队（Einsatzflottille 2）始建立于2006年6月27日，隶属于海军司令部，总部位于下萨克森州威廉港（Wilhelmshaven）。第2舰队集结了德国海军最大的护卫舰和补给部队，其长期运营能力保证了德国海军在世界海域的军事行动。护卫舰具备海上监视、攻击潜艇、打击水上部队以及防空能力。根据形势和任务需要，海军第2舰队的所有部队都可以在特定时间和地点展开行动，并通过补给船保证续航能力，包括燃油运输船、补给船、拖船、破冰船等。此外，他们还负责海上和港口部队船只和成员所必要的服务和消耗品。

海军第 2 舰队下辖部队包括第 2 护卫舰支队、第 4 护卫舰支队、补给舰支队和海军第 2 舰队基地司令部。

第 2 护卫舰支队

第 2 护卫舰支队（2. Fregattengeschwader）成立于 1988 年，总部位于下萨克森州威廉港。从 2006 年 1 月起，德国海军所有"萨克森"级（Sachsen）和"布兰登堡"级（Brandenburg）护卫舰全部归第 2 护卫舰支队指挥，目前的"萨克森"级护卫舰有 F219 号"萨克森"级护卫舰、F220 号"汉堡"级（Hamburg）护卫舰、F221 号"黑森"级（Hessen）护卫舰；"布兰登堡"级护卫舰有 F215 号"布兰登堡"级护卫舰、F216 号"石勒苏益格·赫尔施泰因"级（Schleswig-Holstein）护卫舰、F217 号"巴伐利亚"级（Bayern）护卫舰以及"麦克伦堡·前伯梅"级（Mecklenburg-Vorpommern）护卫舰。

第 4 护卫舰支队

第 4 护卫舰支队（4. Fregattengeschwader）成立于 1981 年 11 月 16 日，总部也位于下萨克森州威廉港。自 2016 年 1 月起，德国海军所有"不莱梅"级（Bremen）护卫舰全部归第 4 护卫舰支队指挥，目前的"不莱梅"级护卫舰有 F213 号"奥古斯堡"级（Augsburg）护卫舰、F214 号"吕贝克"级（Lübecke）护卫舰。目前，"不莱梅"级护卫舰即将退役，取而代之的将是"巴登·符腾堡"级（Baden-Württemberg）护卫舰。

补给舰支队

补给舰支队（Trossgeschwader）的历史可以追溯到德国海军成立时期。1959 年，德国海军在库克斯港建立了补给舰队司令部，并于 1967

年在基尔和库克斯港成立了第 1 和第 2 补给支队。在成立初期，补给舰队装配的是"吕内堡"级和"韦斯特森林"级（Westerwald）补给舰，它们一直负责德国海军的海上补给工作。德国统一以后，随着联邦国防军转型工作的推进，补给舰队被裁撤，其下辖单位转隶补给舰支队。目前，该支队下辖 10 个单位，分布于德国威廉港和基尔的海军基地。补给舰分布在南北两区，目的是尽可能提高 2 个海军舰队的补给效率。

补给舰支队由作战部队补给舰、燃油运输舰、救援舰和拖船组成，主要任务是为德国海军舰艇提供补给和支援。作战补给舰为"柏林"级补给舰，总共 3 艘，分别是 A1411 号"柏林"级补给舰、A1412 号"法兰克福"级（Frankfurt am Main）补给舰以及 A1413 号"波恩"级补给舰。燃油运输舰为"罗恩"级（Rhön）燃油运输舰以及"瓦尔兴湖"级（Walchensee）燃油运输舰。"罗恩"级总计 2 艘，分别是 A1442 号"施佩萨特"级（Spessart）燃油运输舰和 A1443 号"罗恩"级燃油运输舰；"瓦尔兴湖"级也有 2 艘，分别为 A1425 号"阿默尔湖"级（Ammersee）燃油运输舰和 A1426 号"泰根湖"级（Tegernsee）燃油运输舰。救援拖船有"费马恩"级（Fehrmarn）和"旺格奥格"级（Wangerooge）两种，前者为 A1458 号"费马恩"级救援拖船，后者为 A1451 号"旺格奥格"级（Wangerooge）救援拖船和 A1452 号"斯匹科罗格"级（Spiekeroog）救援拖船。

海军第 2 舰队基地司令部

海军第 2 舰队基地司令部（Marinestützpunktkommando Einsatzflottille 2）始建于 2003 年 1 月 1 日，隶属于海军第 2 舰队，总部位于下萨克森州威廉港海军基地。基地司令部的主要任务是作为后勤枢纽协调第 1 舰队海上部队的装备和后勤补给，包括燃油、备件、消费物资、弹药、膳食、邮件等。威廉港海军基地不仅是第 2 舰队所有海上部队以及其他支援和援助舰船的母港，同时还通过其作战补给部为海军部队的全球行动提供全方位补给服务。基地司令部旨在支持同时进行的长期跨军种和跨国军事行动，不受地域限制。基地司令部备有超过 5 万件不同的补给品（消费品、替换部件），可以发往位于全球任意地区的第 2 舰队舰船。

海军航空兵司令部

海军航空兵司令部（Das Marinefliegerkommando）成立于 2012 年 10 月 8 日，是德国海军第 1 和第 2 舰队之外的又一个旅级单位，总部位于下萨克森州诺德霍尔兹（Nordholz）地区，旅部编制 70 人，下辖单位编制约 2000 人。作为海军航空兵部队的指导和专业能力中心，海军航空兵司令部为海军司令部提供专业知识，确保航空兵联队能够专注于其主要任务，承担德国、联邦国防军以及海军的飞行义务。海军航空兵司令部下辖单位有海军第 3 航空联队和海军第 5 航空联队。

海军第 3 航空联队

海军第 3 航空联队（Marinefliegergeschwader 3）成立于 1964 年 6 月 1 日，总部位于下萨克森州诺德霍尔兹（Nordholz）空军基地。

第 3 航空联队的主要任务是海上监控和侦察、海上和海下作战、人员和物资运输、搜救行动以及海洋污染监控等。

除参谋部之外，航空联队还下设 1 个飞行组、1 个技术组以及 1 个基地组：

- 飞行组下设 2 个飞行支队，第 1 飞行支队装备 P－3C 侦察机，第

2 飞行支队装备 P-3C 侦察机和 DONIER 228 运输机；

- 技术组下设 P-3C 技术支队以及 DONIER 228 运输机技术支队；
- 基地组下设飞行运营支队、地理信息处以及补给运输支队。

海军第 5 航空联队

海军第 5 航空联队（Marinefliegergeschwader 5）成立于 1958 年 1 月 4 日，总部位于下萨克森州的诺德霍尔兹空军基地。

海军第 5 航空联队主要负责搜救任务，同时还进行飞机飞行员和技术人员培训，其下辖部队包括：

- 联队参谋部；
- 飞行组，下设 2 个飞行支队以及飞行员训练支队，飞行支队分别装备 MK41 和 MK88 直升机；
- 技术组，下设 2 个技术支队和 1 个技术训练支队，技术支队分别装备 MK41 和 MK88 直升机。

海军支援司令部

海军支援司令部始建于 2012 年 10 月 1 日，总部位于下萨克森州洛夫豪森（Roffhausen）地区。

在联邦国防军中，指挥支援指提供通信和信息技术系统和服务。就海军而言，主要是为陆地与舰船或者舰船之间的信息传递提供支援，保证指挥官和指挥中心的顺利指挥。信息交换包括命令和请示、形势汇报、友军和敌军情况通报等。

海军支援司令部指挥支援处作为能力中心，通过联邦国防军联合支援部队或者地方单位提供的卫星系统进行语言和数据传递。此外，他们还使用沿海联邦州短波和超短波设备发送和接收无线电信号，控制数据流，并负责其技术运营和维护。用户建议、能力继续发展、敏感信息加密等工作也属于其责任范围。

指挥支援处业务繁多，涵盖信息发送和接收、计算中心、通信中心等众多领域，因此指挥支援处以地域为标准，划分为 2 个中心。除了负责与海军以及联邦国防军指挥机构的信息交流之外，中心还负责与联邦国防军局域网和海上潜艇、护卫舰、驱逐舰等部队的相互交流。

海军第 1 指挥支援中心位于弗伦斯堡（Flensburg）附近的格吕斯堡地区，主要负责海军通信中心以及位于石勒苏益格·荷尔斯泰因、麦克伦堡·前伯梅两个联邦州的海军指挥支援设备运营。位于格吕斯堡的海军信息网络总部包括舰队入口点（FEP）、中央运营管理部门以及海军网点。通过舰队入口点可以控制海军所有陆上发射和接收终端，也能够保障海上舰艇和飞行部队的信息交流。海军第 2 指挥支援中心位于萨特兰·拉姆斯劳（Saterland-Ramsloh），主要负责下萨克森和黑尔戈兰岛（Helgoland）地区的陆地发射和接收终端，同时也负责北约劳德菲恩（Rhauderfehn）地区的长波电台。第 2 指挥支援中心在莫尔（Moor）地区建有 8 个天线，最高达 352.5 米，这些发射设备主要服务于德国及其他北约国家潜艇的无线电通信。

培训机构

海军学校是德国海军最重要的培训机构。德国海军目前有 4 所学校，分别是海军军官学校、海军士官学校、海军战争学校和海军技术学校。这 4 所学校共同为德国海军提供全面、及时的课程培训，为德国海军完成海外军事行动任务打下基础。

海军军官学校

海军军官学校（Marineschule Mürwik）始建于1956年7月5日，位于弗伦斯堡·米尔维克（Flensburg-Mürwik）地区，其前身是1910年建立的帝国海军学校。

海军军官学校的教育训练分为3种类别，分别是指挥军官培训、专业技术军官培训和预备役军官培训。

海军军官学校军官课程由3个部分组成：

- 基础训练，15个月，地点在海军军官学校；
- 大学学习，不超过48个月，地点在联邦联邦国防军大学，毕业后授予本科或硕士学位；
- 专业训练，15—17个月，地点在海军以及联合支援部队的不同学校。

海军课程有两个主要目标：一是通过课程教学、研讨会以及演习等手段发展候补军官以及军官的人格和社会行为、职业素养、专业技能和行为能力，最终为现代海军培养出新型领导人才；二是军官航海技能培训。为了完成这一目标，海军军官学校聘请了约200名文职人员和军官，以完成500人左右的学员培训任务。海军军官学校每年的承训任务总计约1400人。

其一，海军指挥军官培训。海军指挥军官培训工作从每年的7月1日开始，主要内容为6个月的军事和航海基础训练。此后他们需要在学校接受为期6个月的军官课程培训，其中包括5周的海军部队舰艇实习期。实习结束后，学员需要在部队士官岗位完成部队指挥实习工作，从事技术学习的候补军官则要在公共部门或者私人企业从事技术方面的实习。在约39个月的联邦国防军大学学习后，他们需接受12—15个月的特定武器装备专业训练。完成上述所有培训任务之后，这些青年军官将会到舰队、海军机关或者后勤内务部队任职。完成海军军官课程通常需要 6 年时间。

其二，海军专业技术军官培训。该课程主要是为海军高级士官培养上尉军衔的专业人才（专业技术军官），在特殊情况下军衔可以调整为参谋上尉。

该课程最初 2 年在海军专科学校完成，毕业以后，候补军官通常会被授予海军候补军官军衔或者海军高级军官生军衔，并进入海军军官学校接受 6 周的语言（英语）培训，随后是 6 个月的专业技术军官课程。课程全部结束后，毕业生将会到与指挥专业军官课程毕业生级别相同的专业技术岗位任职。

其三，预备役候补军官培训。从 2009 年 7 月 1 日起，预备役候补军官与长期服役的候补军官共同接受为期 1 年的培训。因为德国法律规定预备役最高服役期限为 2 年，所以未曾服役的申请人或者每年 4 月 1 日参军服役的人才能接受该课程培训。主要原因在于：一旦申请人此前服役时间太长，那么其第二年的培训时间会相应缩短，这可能导致其没有时间完成必要的基础军事专业技术培训以及部队实践活动。

由于预备役候补军官与长期服役的候补军官第一年共同接受培训，因此在必要情况下，他们可以无缝转到长期服役的候补军官课程当中。在培训的第二年，预备役候补军官与长期服役军官将分别培训。在剩余的 2 年培训期内，预备役候补军官将会被派遣到海军指挥机构、海军技术机构、舰艇后勤机构、参谋机构、陆地后勤机构以及海军安全机构接受专业技术训练，或者下部队实习。

在总计 36 个月的培训结束后，预备役候补军官将会被授予海军少尉军衔。

海军士官学校

海军士官学校（Marineunteroffizierschule）始建于 1956 年，总部位于德国北部的普隆（Plön）地区，其前身是

1938年建立的海军培训机构。

海军士官学校主要负责二级下士和中士课程培训，相关专业有人际领导、训练计划和实施以及队列训练。在培训期间，学员需要学会领导礼仪、团队能力以及军事基本技能。除了实践课之外，学员还需学习防御法、政治教育以及军人行为等课程。

除上述课程之外，海军士官学校还负责舰船和陆地基本训练以及一些特殊课程培训，如进修研讨课、海军营未来领导课程等。

海军战争学校

海军战争学校（Marineoperationsschule）成立于1956年7月15日，隶属于海军司令部，是德国海军战术和战役培训中心机构，总部位于不来梅港（Bremenhaven），另有一个教导营位于威廉港。

海军战争学校每年可以为超过4000名学员提供160多期课程培训，内容涵盖导航、通信、信号处理、水下和水上作战、电子战、自然科学、语言等领域，层次包括基本军事训练、舰艇和海军总部作战中心指挥组战术和作战方法培训。战术中心主要负责为舰队和国际部队提供海外军事行动训练，内容包括行动计划、舰艇和部队指挥。学员可以在作战中心开展演习和评估。

海军战争学校下设2个教导营和1个海军战术中心。第1教导营负责军官、士官的专业培训和语言培训。第2教导营负责水上/水下作战、通信/信号工作、电子战和导航领域的士兵基础和专业培训。海军战术中心由作战方法培训处（VT）、海军战术和方法培训处（TVTM）组成，前者负责为下级士官做好实际作战准备，后者主要负责军官的战术训练，使得参谋部、战舰的指挥官和指挥组为海外军事行动及演习做好准备工作。

其一，通信工作。战场交流依赖先进的通信设备、命令的快速下达、信息的迅速传递以及工作人员的责任意识、反应能力和高度集中的注意力。几乎所有行业的人员都可以申请进入联邦国防军通信行业服役,但是首选商业职业以及业余无线电爱好者,且需具备英语语言技能和数据处理专业知识。

通信工作主要包括6个领域:一是利用现代化的计算机辅助通信技术和通信方法,在舰艇上开展通信工作;二是建立和维护通信线路;三是业务范围内的物资管理;四是对无线电工作规定进行更新;五是根据指示对术语进行格式化;六是根据德国和北约加密方法进行加密处理。

表1 通信工作初级士官训练和任职计划

时间	内容	培训机构
3个月	基础阶段和军事技术联合培训	海军战争学校
2个月	初级士官课程	海军士官学校
1个月	面向海外派兵的冲突预防和危机处理训练	海军士官学校
3个月	通信工作1期军事专业培训	海军战争学校

资料来源:https://www.marine.de.

表2 通信工作高级士官训练和任职计划

时间	内容	培训机构
3个月	高级士官/高级候补士官基础培训	海军士官学校
1个月	舰艇实习锻炼	
2个月	高级士官1期课程	海军士官学校
3个月	高级士官2期课程	海军士官学校
3个月	海军指挥基础阶段军事专业培训	海军战争学校
3个月	通信工作1级军事专业培训	海军战争学校
3个月	英语课程培训	海军战争学校
6个月	通信工作2级军事专业培训	海军战争学校

资料来源:https://www.marine.de.

其二，水上作战。舰艇的使用和指挥需要现代化的计算机辅助系统进行海上监控和侦察、通信、命令、形势评估，并对对手实施打击，因此负责水上作战的官兵必须果敢灵活、沉着冷静，同时具备必要的计算机知识、英语语言知识以及抽象思维能力。无论是哪个行业的从业人员，只要有志于海军工作，都可以申请进入德国海军水上作战部门服役，但是首选对象为商业行业、技术绘图员以及办公室人员。

水上作战工作包括8个领域：一是雷达操控；二是雷达观测情况介绍和评估；三是纠正规定；四是从事航海图工作；五是与其他舰艇、飞机以及陆上基地进行英语无线电通信；六是能够操控射击指挥和武器使用设备、指挥系统以及其他装备进行水上和空中目标打击；七是情报搜集；八是设备维护和维修。

水上作战培训的主要课程有两种：

表3　水上作战初级士官训练和任职计划

时间	内容	培训机构
3个月	基础阶段和军事技术联合培训	海军战争学校
2个月	初级士官课程	海军士官学校
1个月	面向海外派兵的冲突预防和危机处理训练	海军士官学校
3个月	水上作战1级军事专业培训	海军战争学校

资料来源：https://www.marine.de.

表4　水上作战高级士官训练和任职计划

时间	内容	培训机构
3个月	高级士官/高级候补士官基础培训	海军士官学校
1个月	舰艇实习锻炼	
2个月	高级士官1期课程	海军士官学校
3个月	高级士官2期课程	海军士官学校
3个月	海军指挥基础阶段军事专业培训	海军战争学校

续表

时间	内容	培训机构
3个月	水上作战1级军事专业培训	海军战争学校
3个月	英语课程培训	海军战争学校
6个月	水上作战2级军事专业培训	海军战争学校

资料来源：https://www.marine.de.

其三，水下作战。水下作战领域的主要成员是舰艇海战设备的声呐操作员，他们是声呐设备操作员以及在海军舰艇和战机上从事水下形势分析的专家。随着技术的发展，潜艇的重要性更加突出，这也要求海军使用最为先进的声呐设备。未来的潜艇作战要求相关人员必须在声呐方面接受全面的培训，并积累丰富的操作经验。水下作战领域的军人同时需要思路灵活，操作安全，心理素质好，且必须具备丰富的数学知识和抽象的思维能力。

所有行业的从业者，只要愿意加入海军，都可以申请加入海军水下作战部门，但是首选对象是商业行业、技术绘图员以及办公室职员，他们同时还需要具备较好的英语语言能力。水下作战任务包括5个方面：一是根据规定方法利用声呐设备对水下目标进行定位；二是绘制形势图；三是设备维护和修理；四是水下潜航器的使用以及鱼雷防御资料汇编；五是在作战中心任职。

表5 水下作战初级士官培训课程

时间	内容	培训机构
3个月	基础阶段和军事技术联合培训	海军战争学校
2个月	初级士官课程	海军士官学校
1个月	面向海外派兵的冲突预防和危机处理训练	海军士官学校
3个月	水下作战1级军事专业培训	海军战争学校

资料来源：https://www.marine.de.

表6 水下作战高级士官培训课程

时间	内容	培训机构
3个月	高级士官2期课程	海军士官学校
3个月	海军指挥基础阶段军事专业培训	海军战争学校
3个月	英语课程培训	海军战争学校
6个月	高级士官水下作战军事专业补充培训	海军战争学校
3个月	英语课程培训	海军战争学校
6个月	高级士官水下作战军事专业补充培训（猎潜、猎雷或者被动定位）	海军战争学校
选择	如果进入潜艇部门工作，还需要接受为期12周的潜艇基础培训。	

资料来源：https://www.marine.de.

其四，导航工作。导航部门主要负责舰艇的航向指挥和确认工作，其成员必须具备独立的思维能力、高度的责任意识以及丰富的数学知识。所有行业的申请者，只要有意愿加入海军，都可以进入导航部门服役，首选对象为来自商业部门、绘图部门、测绘行业的申请者以及海运船员、办公室工作人员等，他们必须具备一定的语言知识。导航部门的主要工作包括9个部分：一是通过地面导航方法、技术导航设备（雷达、卫星导航、罗兰、陀螺罗经、导航系统、回声探测仪等）、综合系统以及惯性系统确定船舶位置和其他航海数据；二是根据国家和国际交通规定提交航线建议；三是计算高水位和低水位时间；四是计算日出和日落时间；五是纠正航海地图和书籍错误；六是制定航行日志；七是对气象现象和数据进行观察、测量和记录，并承担舰艇天气观察员任务，为飞行天气预报提供支援；八是使用特定的微软应用程序；九是执行简单的战术导航任务（敌人航向判断和距离计算）。

导航部门培训的主要课程有两种：

表7　导航部门初级士官培训计划

时间	内容	培训机构
3个月	基础阶段和军事技术联合培训	海军战争学校
2个月	初级士官课程	海军士官学校
1个月	面向海外派兵的冲突预防和危机处理训练	海军士官学校
6个月	导航部门1级军事专业培训	海军战争学校
2周	导航部门特种装备培训	海军战争学校
3个月	潜艇乘员导航部门特种装备培训	埃肯弗德（Eckernförde）潜艇培训中心

资料来源：https://www.marine.de.

表8　导航部门高级士官培训和任职计划

时间	内容	培训机构
3个月	高级士官/高级候补士官基础培训	海军士官学校
1个月	舰艇实习锻炼	
2个月	高级士官1期课程	海军士官学校
3个月	高级士官2期课程	海军士官学校
3个月	海军指挥基础阶段军事专业培训	海军战争学校
3个月	英语课程培训	海军战争学校
6个月	导航部门1级军事专业培训	海军战争学校
9个月	导航部门2级军事专业培训	海军战争学校
2周	导航部门特种装备培训	海军战争学校
3个月	潜艇乘员导航部门特种装备培训	埃肯弗德潜艇培训中心

资料来源：https://www.marine.de.

其五，信号工作。信号工作包括通过无线电通信设备、旗语以及信号灯下达命令、汇报情况。信号部门官兵必须具有较强的抗压能力、良好的视力、较好的表述能力和观察力。所有行业的从业者，只要有志于海军工作，都可以申请加入海军信号部门服役，但是优先选择对象为商业部门、办公室专业人员、海运船员等，他们必须具备丰富的英语语言知识和较强的书写能力。

信号处理部门的工作主要包括 5 个部分：一是利用信号旗和信号灯进行光学通信；二是利用旗语和信号灯发布命令和信息交流；三是编订信号书籍；四是进行无线电通信（国际/战术）；五是更新无线电通信法规和制定。

信号处理部门的训练计划包括：

表 9　信号处理初级士官培训课程

时间	内容	培训机构
3 个月	基础阶段和军事技术联合培训	海军战争学校
2 个月	初级士官课程	海军士官学校
1 个月	面向海外派兵的冲突预防和危机处理训练	海军士官学校
3 个月	信号处理 1 级军事专业培训	海军战争学校

资料来源：https://www.marine.de.

表 10　信号处理高级士官培训课程

时间	内容	培训机构
3 个月	高级士官 2 期课程	海军士官学校
3 个月	英语课程培训	海军战争学校
3 个月	海军指挥基础军事专业培训	海军战争学校
6 个月	高级士官水下作战军事专业补充培训	海军战争学校

资料来源：https://www.marine.de.

海军技术学校

海军技术学校（Marinetechnikschule）始建于1996年3月28日，隶属于海军司令部，总部位于麦克伦堡·前伯梅州的帕洛夫地区（Parow）。

海军技术学校主要负责海军各级人员的技术培训，具体包括：
- 信息技术工程师；
- 操控技术电子技师；
- 设备和系统电子技师；
- 精密机械师；
- 电气工程工业技师继续教育；
- 情报技术；
- 信息技术；
- 飞机技术；
- 船舶技术；
- 海事服务；
- 武器技术；
- 武器电子学。

海军损毁防护作战培训中心

海军损毁防护作战培训中心（Einsatzausbildungszentrum Schadensabwehr der Marine）始建于1959年，总部位于诺伊施塔特，其下设机构包括：
- 参谋部；

- 火灾、泄漏及核生化防护中心；
- 第1教导连，负责海上安全理论培训军官课程；
- 第2教导连，负责舰艇海上安全培训、潜水演习和损毁预防课程；
- 第3教导连，负责潜水员培训课程。

海军损毁防护作战培训中心主要负责潜水员以及潜艇乘员的培训工作。除了必要的理论之外，培训的重点在于实践教学，以应对现实环境中的泄漏预防和火灾等。中心的另一个培训重点是克服恐惧心理。除了德国海军在此训练之外，也有国外部队以及北约部队定期在中心接受现代化训练。

培训中心的第三个培训重点是潜水员、救援手段培训以及潜艇乘员的潜艇救援培训。训练中心配备深潜水桶、救援和潜水员训练大厅，以保证为岸上训练提供足够的水深。海中潜水员实践培训主要通过潜水员训练艇进行，此外还要进行核生化武器防御训练。

海军航海医学研究院

海军航海医学研究院（Schifffahrtmedizinisches Institut der Marine）始建于1961年1月2日，总部位于石勒苏益格·荷尔斯泰因州基尔—克龙沙根（Kiel-Kronshagen）地区。

作为海军中央医疗机构，海军航海医学研究院是海军所有医务人员的"母校"，除了为海军及其舰队提供航海医学能力服务之外，它还为整个联邦国防军提供潜水医学服务。为了更好地提升自身能力，研究院与国内外军队和地方机构深入开展海洋医学、潜水医学以及超压医学方面的合作，其研究和培训重点也同样侧重于上述领域。研究院还从事包含跨领域的现代化压力仓系统、特殊诊断设备、远程医疗设备的海上医院建设工作。对于潜水和超压医学、远程医学、海军心理学家的危机干预等状况，研究院可以随时做好应急保障。

第三章 空 军

空军也是联邦国防军最早建立的军种之一,目前编制约2.8万人。空军的最高指挥官为监察长,他和两位副监察长共同构成了空军的最高指挥层。空军监察长为中将军衔,副监察长与监察长军衔一致,参谋长为少将军衔。

空军司令部

空军司令部（Kommando Luftwaffe）是联邦国防军空军高级指挥机构，编制约330人，总部位于柏林。

作为联邦国防军空军的最高指挥机构，空军司令部是在联邦国防军军事变革中由空军作战司令部和空军支援部队司令部联合组建而成，目前下设空军部队司令部（Luftwaffentruppenkommando）和空军作战中心（Zentrum Luftoperationen）两大二级指挥机构。

空军司令部的具体任务包括：

● 负责空军的指挥工作；

● 根据联邦国防军总监察长的指示进行空军能力规划和建设工作，并从人力和物资方面做好空军参与军事行动的准备；

● 保证空军的训练工作，包括以海外军事行动为导向的训练；

● 就空军事务向联邦国防军作战指挥司令部指挥官提供建议，并为在联邦国防军作战指挥司令部领导下参与军事行动的部队提供支援；

● 负责规定的长期性军事行动任务，并在联邦国防军的专业性任务方面行使职权。

空军司令部的下辖机构包括：

● 继续发展和规划局，下设3个处，分别是空军原则和继续发展处、空军能力管理处和资金需求分析、预算处；

● 作战局，下设3个处，分别是空军作战和行动指挥处、空军指挥和作战处、空军指挥能力处；

● 人事、组织及训练局，下设 4 个处，分别是空军人事管理处、组织和基础设施及驻扎处、空军使用组织处、空军训练处；

● 支援局，下设 2 个处，分别是空军行动后勤原则、流程及控制处和作战物资能力、武器装备准备处；

● 中心事务局，下设 3 个处，分别是任务和计划管理处、流程管理和控制处、空军媒体和信息中心；

● 参谋本部。

空军部队司令部

空军部队司令部（Luftwaffentruppenkommando）成立于 2015 年 7 月 1 日，总部位于科隆，是空军二级指挥机构，主要任务是领导下辖部队和单位，同时也负责所有承担军事行动的空军部队的指挥工作，并为其提供必要的力量和装备。因此，空军部队司令部也负责空军支援部队和训练部队的领导工作。

空军作战中心

空军作战中心（Zentrum Luftoperationen）始建于 2013 年 7 月 1 日，总部位于卡尔卡和乌尔德牧（Kalkar/Uedem），是空军二级指挥机构，隶属于空军司令部。德国空军作战中心重点关注两个方面的能力发展：一是德国空军国内行动和演习战术层面的指挥能力，二是德国空军国外军事行动战术和战役层面的指挥能力。此外，空军作战中心还通过在德国建立北约联合空军分部的方式或者通过低战术层面（空中支援行动中心）两个以下 C2 模块指挥能力培训的方式，对空军部队进行空军 C2 模块能力培训。空军作战中心的具体任务主要包括：

● 作战指挥：空军作战中心对于空军作战规划和指挥有着深刻的理

解和专业的能力，负责空军军事行动的所有指挥任务，包括北约联合空军分部（德国）、空军作战中心以及空军C2培训处。

● 多国行动：在国内和多国指挥组织框架下，联合空军分部主要负责在北约联合部队司令部或者欧盟部队司令部的领导下，对于空中行动进行规划，并对空军进行战役或者战术层面的指挥。因此，在日常运营中，空军作战中心的主要任务就是针对可能的军事行动做好准备工作。

● 日常训练：空军作战司令部的第三项重要任务是空军作战计划和指挥（空军C2）训练，目的是提高空军的作战能力。尤其是在海外军事行动导向下，每名空军军官都要了解多国行动框架下空军行动的基本原则。

空军作战中心下设机构包括国家空域安全形势和指挥中心、太空形势中心、联合空军能力中心、联合空军作战中心等。

国家空域安全形势和指挥中心

国家空域安全形势和指挥中心于2003年7月由联邦国防部、联邦内政部、联邦交通、建筑和城市发展部共同成立，其成员既有空军官兵，也包括警察以及飞行安全领域的专家。成立中心的最初目的是防止德国发生类似美国"9·11"恐怖袭击事件。

如果怀疑或者确认恐怖分子滥用民航飞机，那么根据与国家空域安全形势和指挥中心毗邻的联合空军作战中心的战术指令，所有其他职权包括北约下辖部队都可以以"权利转移"的形式移交给相关国家。在这种情况下，国家空域安全形势指挥中心需要及时掌握德国空域安全的具体形势，德国空军监察长可以向政治决策者做详细阐述，作为后者采取进一步防御措施的决策依据。

为了更好地完成上述任务，德国国家空域安全形势和指挥中心与联合空中作战中心紧密合作，可以使用后者的指挥信息手段以及空中形势资料。国家空域安全形势和指挥中心军事处可以承担战术数据、空中加油、空中侦察、空域计算、传感器管理等方面的任务。

太空形势中心

太空形势中心位于乌尔德牧，主要任务是对近地目标进行侦察和监控，目的是进行目标识别，并对明确、可信的目标进行验证。具体任务包括：

- 与德国航空航天中心（DLR）合作，对太空形势进行评估；
- 就太空形势及其对本方作战指挥的可能影响，在战略、战术及战役层面为决策者提供决策依据；
- 针对陨石、太空碎片等情况发布预警；
- 针对目标进入大气层以及潜在损害进行预测；
- 对于接近和攻击本方卫星的行为进行预警；
- 对弹道导弹、太空武器以及反卫星领域的火箭发射、航空计划以及装备事务等方面情报进行分析评估；
- 对本方和第三方卫星系统的系统状况、性能数据、寿命及状态进行分析评估。

联合空中力量能力中心

北约的转型要求其成员国空军能力的多样化发展，重点是空战手段必须能够满足未来的能力要求，有效应对新型风险和威胁。作为北约卓越中心之一的联合空中力量能力中心正好可以承担这一角色。自联合空中力量能力中心成立起，已经有16个北约成员国作为赞助国加入其中，它们分别是比利时、德国、丹麦、希腊、意大利、加拿大、荷兰、挪威、波兰、罗马尼亚、西班牙、捷克、土耳其、匈牙利、英国和美国。

联合空中力量能力中心的主要任务是对未来北约多军种空战手段一体化进行探索。为了实现这一目标，中心正在北约空军的标准化、互操作性以及一体化方面进行不断努力。

联合空军作战中心

联合空军作战中心位于乌尔德牧，是北约的战术司令部之一，负责其下辖北约部队和平、危机和冲突时期空中行动的计划、指挥和协调工作。

联合空军作战中心的具体任务包括：
- 空域监视；
- 下辖部队的计划、协调和指挥；
- 与陆军及海军的联合作战协调；
- 与北约其他部队以及成员国部队合作；
- 指挥能力建设与发展；

为了更好地应对未来的需求，联合空军作战中心正在进行技术和架构重组，这主要体现在两个方面：一是为中心的固定指挥部增配了一支可部署部队；二是将中心的责任区域拓展到北约北部地区，覆盖了从荷兰到爱沙尼亚、从阿尔卑斯山到波罗的海10个国家的空域。

作为面向未来的先进指挥部，联合空军作战中心的作战指挥系统采用了最先进的空中指挥与控制系统（ACCS）。系统内数据的实时快速访问、情报获取及形势评估都为空军联合作战打下了良好的基础。联合空军作战中心重视其所属人员的空中指挥与控制系统标准化培训，目前中心已经制定了高效、专业、内容丰富的标准化培训方案。

飞行作战部队

联邦国防军空军共设 6 个战术飞行联队，装备欧洲战机和"龙卷风"战机，构成了德国空军的核心力量。

第 31 战术飞行联队

空军第 31 战术飞行联队（Taktisches Luftwaffengeschwader 31）代号"布尔科"（Boelcke），成立于1958 年，位于北莱茵·威斯特法伦州的诺温尼西（Nörvenich）地区，是联邦国防军历史最悠久的作战部队之一。

第 31 战术飞行联队的主要任务是集体防御和国土防御。2009 年 12 月 16 日开始，第 31 战术飞行联队装备第四代战机——欧洲战机，因而具备了很强的空战能力。与此同时，飞行员在精确制导武器方面的训练使得第 31 战术飞行联队拥有很强的空地打击能力。

第 31 战术飞行联队还具有极强的防空能力。如果维特蒙德（Wittmund）和诺伊堡（Neuburg）基地无法保证德国的领空安全，该联队能够对空域进行临时监控。这一能力既可以服务于北约的空中联合防御，也能够保证德国领空的安全。

除了执行国内任务之外，第 31 战术飞行联队还会在北约和联合国框架下参与联邦国防军的海外派兵任务，在不同地区履行职责，如马里、阿富汗、约旦等地。

第 33 战术飞行联队

空军第 33 战术飞行联队（Taktisches Luftwaffengeschwader 33）始建于 1958 年 7 月 1 日，基地位于科赫姆

（Cochem），配备"龙卷风"战机，编制约 2000 人，其主要任务包括：

- 为军事行动做好人力和物资准备；
- 做好快速反应准备；
- 参与国内及北约演习；
- 保护美国在德国的军事设施。

空军第 33 战术飞行联队的作战手段包括：

★为地面部队提供低空支援：

- 27 毫米航空机关炮；
- GBU-38 炸弹（GPS 制导，重 250 千克）；
- GBU-54 炸弹（激光制导，可打击移动目标，重 250 千克）；

★远程打击低空目标：

- GBU-24 炸弹（激光制导，重 1000 千克）；
- 金牛座（TAURUS）远距离投射武器。

空军第 33 飞行联队分为 3 个组，分别是飞行组、技术组和机场组。飞行组主要负责日常飞行任务的计划和落实，下设 2 个飞行中队和 1 个飞行保障中队；技术组负责飞行保障，下设 1 个维护及武器中队、1 个维修中队、1 个电子中队、1 个补给和运输中队、1 个训练中心；机场组主要负责机场的监控、安保等任务，下设 2 个空军安全中队。

第 51 战术飞行联队

空军第 51 战术飞行联队（Taktisches Luftwaffengeschwader 51）始建于 1994 年 1 月 1 日，基地位于石勒苏益格·荷尔施泰因州的克劳普镇（Kropp），是空军唯一具备空中载人、无人成像和信号情报侦察的飞行联队。2005 年 1 月 1 日以来，该联队承担了从空中支援海战的任务。随着 2013 年第 32 歼击轰炸机联队解散，该联队还负责敌军地面防空压制任务。第 51 战术飞行联队的主力战机为具有全天候飞行能力的"龙卷风"战机，配备先进的侦察设备。随着无人机在军事领域的普遍应用，该联队还成立了第 2 飞行侦察中队。

第 51 战术飞行联队的主要任务包括：

★和平时期：
- 做好"龙卷风"战机、无人侦察机作战的人员和物资准备；
- 参与国土防御和集体防御军事行动；
- 参与联合国授权行动；
- 提供救灾援助；
- 展示军事存在；
- 为联邦和州提供飞行服务；
- 为海军提供空中侦察服务；
- 执行大范围信号捕捉侦察服务；

★危机时期：
- 在和平时期任务基础上做好人员和物资储备；
- 加强战术训练，提高军事行动准备程度；
- 在危机处理框架下做好军事行动准备；

★作战/防御时期：

通过对对手陆军、海军作战设备、指挥和补给设施的侦察为军事行动提供支援。

此外，第 51 战术飞行联队还负责利用"龙卷风"战机和无人侦察机进行目标侦察、确定本方武器效果，同时通过 HARM 高速反辐射导弹和"鸬鹚"（KORMORAN）反舰制导导弹对水上目标进行打击。

第 71 战术飞行联队

空军第 71 战术飞行联队（Taktisches Luftwaffengeschwader 71）成立于 2016 年 7 月 1 日，隶属于空军部队

司令部，基地位于维特蒙德，部队目前装备21架"台风"欧洲战机，主要负责北德地区防空任务。第71战术飞行联队下设4个中队，分别是第711飞行中队、技术中队、机场中队和补给中队。

第73战术飞行联队

空军第73战术飞行联队（Taktisches Luftwaffengeschwader 73）成立于1993年5月31日，隶属于空军部队司令部，目前编制约为872名现役和250名文职人员，主力战机为"台风"战机。

第73战术飞行联队的主要任务是负责德国空军欧洲战机飞行员的培训工作，此外也负责保证德国的领空安全。具体任务包括：

其一，训练。德国的飞行员培训主要在美国完成。如果飞行学员学成归来之后准备成为欧洲战机飞行员，必须在拉格（Laage）地区继续接受欧洲战机飞行训练，并在此完成大部分培训任务。此外，飞行员还要在第73战术飞行联队第1战斗机中队接受武器方面的培训。除了讲授理论课之外，第1战斗机中队还通过3个高度现代化的飞行模拟器进行实践训练的准备和辅助工作。在第1中队训练结束后，飞行员会到第2战斗机中队进行飞行实践活动。通常而言，在教练陪同7个飞行小时以后，飞行员必须开始单飞。训练结束之后，飞行员返回所在部队服役。

其二，警戒。除了飞行员训练之外，第73战术飞行联队还在必要情况下与德国其他飞行中队一起，负责德国的领空安全任务，并根据北约指示，在最短时间内派出警告分队。

其三，作战和演习。参与国内国际演习也是第73战术飞行联队的主要任务之一。与此同时，联队官兵和文职人员还需做好在世界各地执行联邦国防军海外派兵任务的准备。

第 74 战术飞行联队

空军第 74 战术飞行联队（Taktisches Luftwaffengeschwader 74）成立于 1961 年，隶属于空军部队司令部，总部位于诺伊堡军用机场。联队目前编制为 935 名官兵，主力机型为欧洲战机。

第 74 战术飞行联队的主要任务是德国南部领空的警戒任务，即由 2 架欧洲战机及其机组、技术人员进行全天候警戒。如果出现违反空管规定或者无法通过无线电进行识别的飞机，防空司令部会发出安全警戒。警戒分队需在 15 分钟之内升空，接近相关飞机，并与其取得联系，确认其具体身份、飞行目标及可能存在的问题。

除此之外，第 74 战术飞行联队在必要情况下，也需为北约快速反应部队或者联邦议会授权的其他海外军事行动提供飞机和人力支持，具体包括争夺制空权、为本方飞机提供巡航、巡逻飞行等。

空中运输部队

空中运输部队（Lufttransportverbände）包括 2 个空中运输联队、1 个直升机联队、国防部飞行准备局，此外还包括德国参与的欧洲空中运输司令部。

第 62 空中运输联队

第 62 空中运输联队（Lufttransportgeschwader 62）成立于 1959 年 10 月 1 日，隶属于空军部队司令部，总部位于下萨克森州文斯陶尔夫（Wunstorf）机场，编制为1200名官兵。联队主力机型为空客A400M运输机，建设目标是配备40架，主要任务是物资和人员运输以及运输机乘员训练。

第62空中运输联队的主要架构包括：

- 参谋部；
- 技术组，下设4个中队：第1飞行中队主要负责空中运输；第3飞行中队主要负责未来"阿特拉斯"机组人员培训；第4飞行中队驻扎在不莱梅机场，主要与汉莎航空飞行训练有限公司合作，对联邦国防军运输机飞行员进行飞行基础训练；除此之外，技术组还设有飞行事务中队；
- 技术组，下设2个技术中队、1个补给/运输中队和1个训练中心；
- 训练队。

第63空中运输联队

第63空中运输联队（Lufttransportgeschwader 63）隶属于空军部队司令部，总部位于石勒苏益格·荷尔斯泰因州霍恩（Hohn）机场，编制为1400名官兵。联队目前装备的主要机型为Transall C-160运输机。

第63空中运输联队下设参谋部、飞行组和技术组，主要任务是保障陆军、海军、空军、联合支援部队、议会等部门的转移运输、后勤运输、空降行动以及伤病员医疗疏散。此外，联队还负责空运特别行动（救灾）、飞行员培训、战术训练等。

第64直升机联队

第64直升机联队（Hubschraubergeschwader 64）始建于2010年10月1日，隶属于空军部队司令部，总部位于劳普海姆（Laupheim）和疏勒瓦尔德（Schönewalde），编制为2000人。联队目前主要装备HSG64运输机、CH-53和H145M直升机。

第64直升机联队是德国空军最年轻的飞行联队，主要任务是人员和物资的跨军种运输，同时也负责人员搜救行动的计划、指导、实施和监督，并为特种部队提供支援。此外，人员疏散和军事疏散行动也属于其任务之一。在承担上述任务的同时，联队也负责CH-53 GA/GS和H145 M LUH SOF的飞行员培训以及战术训练。

第64直升机联队的架构如下：

- 参谋部；
- 飞行组，下设第1、第2和第4飞行中队和1个飞行保障中队；
- 技术组，下设维修和电子中队、补给和运输中队以及维护和武器中队；
- 运输组，下设第3飞行中队、补给中队、机场中队以及技术中队。

欧洲空中运输司令部

欧洲空中运输司令部（Europäisches Lufttransportkommando）成立于2010年9月1日，总部位于荷兰恩德霍芬（Eindhoven）空军基地。除荷兰外，目前成员国还包括德国、法国、比利时、卢森堡、西班牙、意大利6个国家，编制为214人。

欧洲空中运输司令部目前已经被纳入德国空军架构。作为现已解散的德国敏斯特空中运输司令部的继承者，欧洲空中运输司令部整合多国资源，负责所有成员国空军的空中运输、空中加油、医疗疏散等行动。这一方面能够实现资源优化，缓解相关国家装备不足问题，另一方面能够提高联合行动效率。

欧洲空中运输司令部的具体任务包括：

- 后勤运输；

- 变更部署运输；
- 救援和疏散行动；
- 空降行动；
- 特种兵行动支援；
- 医疗疏散；
- 特别行动空中运输；
- 飞行员训练、进修以及战术训练；
- 空中加油。

目前欧洲空中运输司令部正在对空中军事运输流程进行整合，计划在欧洲中部建立机群管理、后勤、维修和训练等中心，全面提高未来欧洲空中军事运输效率，并计划建立国际 A400M 机群。

国防部飞行保障部

国防部飞行保障部（Flugbereitschaft des Bundesministeriums der Verteidigung）成立于 1957 年 4 月 1 日，目前隶属于空军部队司令部，级别等同于德国空军的战术飞行联队，基地分别位于柏林、科隆、波恩等地，目前编制为 1100 名官兵。该保障部是联邦国防军空中运输能力的重要组成部分，其利用远程飞机完成官兵和物资的运输工作，同时也可以为议会等部门提供飞行服务。保障部目前装备的机型包括空客 A340-300、空客 A310-300、空客 A319CJ、庞巴迪环球 5000、欧洲直升机公司 AS532 美洲豹等。

国防部飞行保障部的具体任务包括：

★空中运输：
- 人员和物资运输；
- 政治和议会部门贵宾运输；
- 人道主义援助和救灾支援；
- 伤病员医疗疏散；

★空中加油：

• 联邦国防军战机空中训练和行动中的空中加油；

• 联邦国防军及其盟友参与演习和军事行动时的战略转移；

• 参与北约演习；

★后勤支援：

• 本方、第三方以及商用飞机的空运处理（Wahn 枢纽/德国军事行动部队的后续补给）；

• 客机处理及技术后勤支援；

★建立并保持军事行动准备：

• 通过对现有飞机的维护和维修做好军事行动准备；

• 对飞行员和技术人员进行培训；

★政府和国家的航班运营：

• 除了承担本方的飞行任务之外，还负责德国贵宾的运输，如国事访问接待；

• 贵宾客机的技术和后勤支持；

• 为联邦礼宾部门、外国使馆提供支持。

培训机构

为了对其官兵进行培训，空军建立了空军军官学校、空军士官学校、空军训练营、空军技术培训中心以及空军专科学校等多种培训机构。

空军军官学校

空军军官学校（Offizierschule der Luftwaffe）始建于1956年10月1日，是空军军官的主要培训机构，隶属于德国空军部队司令部，目前校址位于菲斯滕费尔德布鲁克（Fürstenfeldbruck）地区，2021年以后将迁往纽伦堡的罗特（Roth）地区。

空军军官学校军事培训的核心是人格塑造、职业发展以及指挥和合作能力培养，最终目的是为联邦国防军未来空军军官提供必要的能力。

空军军官学校的核心任务包括：

- 空军指挥军官、空军技术军官以及预备役军官培训；
- 与联邦语言局联合开展军官语言培训；
- 空军军官进修；
- 召开联邦国防军范围内的研讨会或者开展其他活动。

除了上述核心任务之外，空军军官学校还承担以下任务：

- 士官升军官选拔课程培训；
- 不同领域的技术军官培训，如教官的教学法培训、根据新的射击训练课程方案对射击教官进行培训、航空摄影培训等；
- 为地方组织和记者的教育、媒体等研讨班以及信息防御演习提供支援；
- 对外交流。

空军军官学校下设参谋部，负责协助校长开展学校日常工作。校长为准将军衔。参谋长兼任副校长，为上校军衔。学校下设2个教导营和1个空军图像情报侦察中心，每个教导营下设4个教导连，每个教导连下设4—6个教导排，每个教导排约有20名后补军官。

第1教导营主要负责空军候补指挥军官的课程培训。在空军训练营接受过3个月基本训练、军衔为三等兵的候补军官，需要在空军军官学校接受为期 7 个月的防御法、内心引导、政治教育、军事史、人事领导、空军理论和外语、体育、障碍、武器操控、野外生存等课程培训。在通过军官考试（晋升少尉前提条件）之后，二等兵将到联邦国防军大学接受为期 3 个月的军事专业训练、指挥训练或者飞行员前期培训。

第 2 教导营主要负责军官培训进修，具体课程包括：

★第 6 教导连：

• 空军未来指挥官为期 6 周的进修；

• 教官教学法课程、媒体军官课程；

★第 7 教导连：

• 完成空军专科学校课程培训任务的空军候补专业技术军官课程，为期 4 个半月，每年 2 期；

• 从事飞行以及飞行安全检查工作拟晋升专业技术军官的二级下士，需要提前 1 个月完成中士课程培训，其后参加专业技术军官课程培训；

• 申请晋升指挥军官的二级下士军事遴选课程，为期 2 周；

• 预备役军官 2 期各 4 周的课程培训；

★第 8 教导连：

• 军官指挥课程，为期 10 周；

• 军医指挥训练，为期 3 周；

• 预备役军官指挥训练，为期 1 个月；

★第 9 教导连：

• 候补飞行员飞行前课程培训；

• 海军军官课程；

• 航空英语课程；

• 空军图像情报侦察中心：

空军图像情报侦察中心是德国联邦国防军航空摄影中心培训机构，

主要负责培养摄影师、技术人员和图像评估人员。图像评估人员主要学习光学、红外和雷达传感器所拍摄航空照片的分析工作。联邦国防军所有军种的相关人员都要在空军图像情报侦察中心接受培训。中心的雷达图片评估员课程作为北约仅有的特色课程，由来自德国、瑞士和奥地利的专业人员共同负责培训。除了负责联邦国防军所属人员的培训之外，中心还根据需要为军外机构提供培训。

空军士官学校

空军士官学校（Unteroffizierschule der Luftwaffe）始建于1964年5月1日，隶属于空军部队司令部，总部位于阿彭地区（Appen）。学校的主要任务是为空军部队培养军事指挥官、教官等。按照联邦国防军规定，空军士官在任职期间要参加一次空军士官学校的士官课程培训。

空军士官学校下设学校参谋部、2个教导营、1个训练保障组。第1教导营总部位于阿彭，下设6个教导连；第2教导营总部位于海德地区（Heide），也设6个教导连。训练保障组下设2个专业信息中心，分别位于阿彭和海德。

第1教导营主要负责二级下士和候补中士的培训任务。一般性军事训练包括两部分，一是二级下士和中士课程第一部分，二是中士课程第二和第三部分。第一教导营针对预备役人员主要进行各军种共同的军事训练以及预备役二级下士和中士课程培训。在一般性军事训练框架下，第1教导营还负责提供职业士官进修课程、空军教育研讨以及英语培训等任务。

第2教导营主要负责士官基础课程、二级下士和候补中士一般军事基础训练、语言训练等。

空军训练营

空军训练营（Luftwaffenausbildungsbataillon）始建于 2012 年 10 月，总部位于格尔木斯海姆（Germersheim），隶属于空军部队司令部。

空军训练营的主要任务既包括空军士兵和候补军官基础训练，也涵盖以海外军事行动为导向的训练。二者的有效结合保证了在一般性基础训练中军人基本知识的学习，同时也能够在海外军事行动基本训练过程中为未来的危机处理、冲突预防等任务做好准备。

空军训练营的基本训练为期 3 个月，由位于格尔木斯海姆和罗特地区的 2 个连负责实施，每个连可以承担 144 名新兵的训练任务，训练内容包括内心引导、普通军事学和空军目标防护。军事行动准备训练由空军训练营的另外 3 个连负责，每个连可以承担 108 人的训练任务。

空军技术培训中心

空军技术培训中心（Technisches Ausbildungszentrum der Luftwaffe）始建于 2014 年 1 月 1 日，隶属于空军部队司令部，总部位于法斯伯格。2013 年 12 月 17 日，根据德国联邦国防军军事变革计划，德国空军第 1 技术学校和第 3 技术学校解散，并在此基础上成立了空军技术训练中心，其主要培训内容包括：

- 直升机和喷气式战斗机（欧洲战机和"龙卷风"战机）技术训练；
- 飞机武器和弹药；
- 电子基础；
- 雷达设备技术；
- 电子战；

- 汽车技术；
- 地面装备技术；
- 结构力学；
- 燃料；
- 飞机战役损毁维修；
- 军事飞行安全和基本训练。

除此之外，中心的另一个重点任务是候补专业技术军官在企业管理、数据处理、组织以及机械技术等领域的专业认证。

空军技术培训中心下设南北两个分中心。北部中心位于法斯伯格地区，下设法斯伯格和温斯道夫两个培训基地，主要负责对陆军、空军、海军联合后勤部队相技术与后勤人员的培训与进修，具体内容包括：

- CH–53 直升机和 C–160、A400M 运输机技术；
- 武器方面基本培训；
- 电子学基础知识；
- 地面技术；
- 结构机械；
- 燃料；
- 空军装备作战损毁处理等。

南部中心位于考夫博伊伦（Kaufbeuren）和拉格莱西菲尔德（Lagerlechfeld）两个地区，主要负责对技术人员进行以下领域培训：

- 雷达技术；
- 帕纳维亚"狂风"战斗机和"台风"战斗机的喷气飞机技术；
- 飞行武器装备技术和燃料；
- 飞行装备和救援系统；
- 武器基本知识、计算机辅助技术以及现代教育技术。

空军专科学校

空军专科学校（Fachschule der Luftwaffe）是一所文凭获得国家认可的军事院校，隶属于空军培训中心，校址位于法斯伯格，面向联邦国防军各军种开放，主要负责专业技术候补军官培训。为期2年的课程主要通过基础知识学习与深化提高学员的专业化水平。学校的职业进修属于德国资质框架（DQR）的第6级水平。学校的培训流程和教学内容遵循下萨克森州文化部有关职业教育学校的规定。在通过结业考试之后，毕业生可以获得国家认可的文凭。如果文化部教学规定允许，培训可以融入军事内容，因此获得和提升个人的军事基本技能、为海外行动做好准备。一般性军事训练也属于空军专科学校的补充教育内容。

作战指挥编队

作战指挥编队的主要任务是德国的领空监管，其下辖2个作战指挥处。

第2作战指挥处

第2作战指挥处（Der Einsatzführungsbereich 2）始建于1966年4月，隶属于空军作战中心，总部位于艾穆特布吕克（Emtebrücke）地区的哈兴堡（Hachenberg）军营，是一个团级单位。

第2作战指挥处的主要任务是负责雷达控制和报告中心的运营以及

作战指挥人员培训，具体包括：

- 德国领空监控、保护和防御；
- 对所负责区域进行航空拍照和识别分析；
- 对空军进行战术指挥和支援；
- 与北约联合空中作战中心（CAOC 2）、国家空中安全形势和指挥中心的联合军事飞行处进行协调，并与周边国家开展空域管制活动；
- 接管其他雷达控制和报告中心的空管权利，对空中保护和防御措施进行协调，包括采取必要的防御措施；
- 随时做好军事行动的物资准备；
- 雷达和电子装备维护和维修；
- 对下级单位的指挥。

除上述任务之外，第2作战指挥处还负责作战指挥人员的培训，包括作战指挥校级军官、雷达控制和报告中心士官和军官、空军自动雷达控制和导航设备以及德国改良版防空系统的维护维修人员、北约盟国的作战指挥人员以及其他地方人员。

组织架构方面，第2作战指挥处分为2个部分，第1部分为教学中心，下设第23作战指挥培训教导连、培训教导团以及技术、战术和规定组；第2部分为作战部队，其下辖单位包括：

第241技术排，位于马里昂鲍姆（Marienbaum），装备休斯防空雷达（HADR）；

第242技术排，位于奥恩豪森（Auenhausen），装备作战指挥主动雷达探测器（ARED）；

第243技术排，位于维塞尔韦德（Visselhövede），装备作战指挥主动雷达探测器；

第244技术排，位于布鲁克泽泰尔（Brockzetel），装备休斯防空雷达；

第245技术排，位于布雷肯道夫（Brekendorf），装备作战指挥主动雷达探测器；

第 246 技术排，位于希尔沙特（Hilscheid），装备休斯防空雷达；

第 247 技术排，位于劳达（Lauda），装备作战指挥主动雷达探测器；

第 248 技术排，位于弗莱新（Freising），装备作战指挥主动雷达探测器；

第 249 技术排，位于迈斯斯特滕（Meßstetten），装备休斯防空雷达。

第 3 作战指挥处

第 3 作战指挥处（Einsatzführungsbereich 3）始建于 1991 年 3 月，隶属于空军作战中心，总部位于疏勒瓦尔德，与第 2 指挥处一起主要负责德国领空的全天候安全，利用雷达网对德国领空的飞行活动进行监控，并由雷达控制和报告中心进行识别。在必要情况下，该指挥处还会出动战斗机等作战装备，以保证德国领空的安全。

第 3 作战指挥处下设 2 个作战组，分别是固定指挥组和机动指挥组。固定指挥组位于疏勒瓦尔德，主要负责空军作战指挥设备的运行。除了承担德国本国的防空任务之外，第 3 作战指挥处也服务于北约在欧洲的联合防空任务。为了更好地完成这一任务，固定指挥组参谋部下设第 31 作战指挥中队和第 32 作战支援中队，中队又设 2 个传感器排和 8 个技术排。机动指挥组主要是针对联邦国防军职能使命拓展而于 2002 年增设的空中监控以及武器使用部队，可以对全球任何区域进行监控。空军机动指挥所、机动控制和报告中心（DCRC）及其集装箱模块，可以使作战部队有能力在世界范围内参与和支援防御性和进攻性空中行动和空战任务。机动控制和报告中心的模块化设计保证了其不同能力可以独立使用，同时也保证了第 3 作战指挥处出色的联合作战能力，其可以通过数据网络实现跨国部队和多国部队的跨军种指挥。为了保证其更好地履行使命，机动作战组参谋部下设第33作战指挥中队和第34作战指挥中队。

第3作战指挥处的下设单位具体包括：

第31作战指挥中队，位于疏勒瓦尔德；

第32作战支援中队，位于疏勒瓦尔德；

第3传感器排，位于柯步林（Cöplin）；

第351技术排，位于普特加藤（Putgarten）；

第352技术排，位于柯步林；

第353技术排，位于藤浦霍夫（Tempelhof）；

第356技术排，位于埃门霍斯特（Elmenhorst）；

第4传感器排，位于雷根；

第354技术排，位于德邦（Döbern）；

第355技术排，位于格雷钠（Gleina）；

第357技术排，位于施瓦茨恩巴赫（Schwarzenbach a. W.）；

第358技术排，位于巴伐利亚埃森施泰因（Bayerisch Eisenstein）；

第33作战指挥中队，位于疏勒瓦尔德；

第34作战指挥中队，位于疏勒瓦尔德。

作战后勤编队

作战后勤编队（Verbände der Einsatzlogistik）主要负责空军武器装备维护、维修以及新装备在空军中的使用工作，下设2个武器系统支援中心。

武器系统第1支援中心

武器系统第1支援中心（Waffensystemunterstützungszentrum 1）始建于2013年1月1日，隶属于空军部队司令部，总部位于曼兴（Manhing），现有编制80人。第1支援中心是能力突出的现代化高科技团，其下辖机构包括：

★参谋部，位于曼兴（Manching）；

★第11维修中心，位于艾尔丁（Erding），计划迁往曼兴；

★发动机维修合作处，共设3个基地：

• 艾尔丁基地，负责位于帕纳维亚"龙卷风"Turbo-Union RB199发动机、"台风"欧洲战机的Eurojet EJ200发动机维修；

• 慕尼黑基地，与MTU Aero Engines合作，负责C-160运输机的Rolls-Royce Tyne发动机维修；

• 奥贝尔武尔泽（Oberursel）基地，与德国Rolls-Royce公司合作，负责NH90直升机的Rolls-Royce/Turbomeca RTM 322发动机维修；

★第12维修中心，位于乌门道夫（Ummendorf）地区，使用最先进的电镀设备进行表面处理，并维护液压设备。其下设救援和安全装置维修合作基地位于乌门道夫和雷林根（Relingen）地区，与Autoflug公司合作，负责弹射座椅维修；

★第13维修中心，位于兰茨伯格（Landsberg am Lech），负责航空电子设备维修；

★第14维修中心，位于曼兴，负责战斗机维修；

★欧洲战机元件维修合作处，位于曼兴；

★"龙卷风"战机元件维修合作处，位于曼兴；

★战机程序支援组；

★美国程序支援组；

★国际武器系统支援中心，位于哈尔伯格慕斯（Hallbergmoos）。

武器系统第 2 支援中心

武器系统第 2 支援中心（2. Führungsunterstützungszentrum der Luftwaffe）始建于 2013 年 1 月 1 日，隶属于空军部队司令部，总部位于迪普霍尔茨（Diepholz）地区，编制 80 人左右。

作为空军武器装备领域的一个团级单位，第 2 支援中心主要致力于空军武器系统的作战能力维护，同时为空军武器装备提供定点和机动支援，与其他部队单位以及地方单位之间的合作任务也由第 2 支援中心协调。利用其武器系统引入、使用和继续发展方面的经验，中心对于空军武器系统管理也做出了重要贡献。中心既负责直升机、雷达、通信、地面导航等防空导弹系统维护等传统任务，也负责目前越发重要的软件维护、升级、新系统的研发使用等新型任务。因此，第 2 支援中心能够为空军提供当前武器系统的所有技术能力，既能够服务于联邦国防军的国内日常维护，也能够保障临时海外行动任务。

第 2 支援中心目前下辖的单位有：

- 参谋部，位于迪普霍尔茨，计划迁往疏勒瓦尔德；
- 第 21 系统中心，位于迪普霍尔茨，负责 CH-53 旋翼机的维修，计划迁往疏勒瓦尔德；
- 第 23 系统中心，位于温斯道夫，负责防空导弹系统维修；
- 第 24 系统中心，位于特罗尔哈根（Trollenhagen），计划迁往罗斯托克—拉格（Rostock-Laage）地区，负责地面雷达维修；
- 第 25 系统中心，位于艾穆特布吕克地区，负责空军指挥系统维修；
- 第 26 系统中心，位于温斯道夫，空客 A400M 支援中心；
- 防空导弹支援组；
- 航空技术设备支援组；
- 运输机和特殊飞行器支援组。

第1防空导弹联队

第1防空导弹联队（Flugabwehrraketengeschwader 1）始建于1959年6月1日，隶属于空军部队司令部，位于石勒苏益格·荷尔斯泰因州胡苏姆（Husum）机场。

第1防空导弹联队作为德国联合防空部队之一，主要职能是在发生危机和冲突时保护德国民众和国土安全，同时致力于国际冲突预防和危机处理。此外，联队也负责本国和盟国海外军事行动部队领空及主要设施和地面部队的安全。联队主要通过跨军种、本国及跨国演习积累经验，提升能力。具体任务包括：

● 和平时期：做好军事行动物资准备，面向海外军事行动的人员指挥、教育和训练，救灾行动；

● 和平时期海外行动：防空导弹联队的部署能力建设，防空导弹联队在海外军事行动区域的部署，防空导弹联队6个月以下的海外军事行动能力，执行防空行动任务；

● 集体防御：部署能力建设，海外军事行动部署，海外作战能力建设，执行防空行动任务。

第1防空导弹联队下设3个防空导弹组：

第21防空导弹组

第21航空导弹组（Flugabwehrraketengruppe 21）装备"爱国者"导弹系统，位于麦克伦堡·前伯梅州的萨尼茨（Sanitz）和普朗根道夫（Prangendorf）地区。

第 21 航空导弹组在和平时期主要根据上级司令部的指示，执行部署任务，并承担防空任务。此外，也可以根据政府决议，参与德国境外行动，如北约框架下的冲突预防和危机处理、在联合国框架下执行人道主义援助和军事维和行动、在救灾时期提供人员和物资支持。

第 24 防空导弹组

第 24 防空导弹组（Flugabwehrraketengruppe 24）也装备"爱国者"导弹系统，位于巴特·舒尔茨（Bad Sülze）地区，目前编制约 550 人。

第 24 防空导弹组在和平时期主要根据对北约及德国部队的技术和战术要求，保证在出现特别状况时的快速反应和部署能力，其中主要包括人员培训、装备维护和维修、部队训练、参与本国及北约的演习等。在防御时期，第 24 防空导弹组主要是根据上级指挥部的指示执行防空任务，包括在行动区域的部署以及后续部署、目标保护等。此外，第 24 防空导弹组也可以根据政府决议，参与德国境外行动，如北约框架下的冲突预防和危机处理、在联合国框架下执行人道主义援助和军事维和行动、在救灾时期提供人员和物资支持。

第 26 防空导弹组

第 26 防空导弹组（Flugabwehrraketengruppe 26）装备"爱国者"防空导弹系统，位于胡苏姆地区。

第 26 防空导弹组的前身是 1976 年成立于胡苏姆的空军训练中心。在成立初期，中心只有 6 名汽车机械师和 6 名飞机机械师，经过多年的发展，目前中心已经能够连续进行多个班次的人员训练。

第 61 防空导弹组

第 61 防空导弹组（Flugabwehrraketengruppe 61）隶属于空军部队司令部，装备 MANTIS 防空系统，主要负责近距离和超近距离地面防空任务，为陆军机动部队以及地面设施面临的空中威胁提供保护。

空军指挥支援中心

空军指挥支援中心（Führungsunterstützungszentrum der Luftwaffe）始建于 2002 年 7 月 1 日，位于科隆·瓦恩（Köln-Wahn），隶属于空军作战中心，编制 555 人。

空军指挥支援中心为团级单位，是空军信息技术中心，负责空军内部技术通讯系统建设和运营工作，下设 3 个连级指挥支援处。第 1 支援处位于菲斯滕费尔德布鲁克，编制为 121 人，主要负责空军机动指挥部的建设和运营，可以实现全球部署。第 2 支援处位于科隆·瓦恩，根据任务下设不同部门。内务部负责第 2 支援处的日常运营，为此还专门设置人事办公室和补给办公室。作战排是第 2 支援处下辖的最大单位，负责全球范围内军用加密网络基础设施建设和运营，以满足空军和其他部门在参与国内外演习和作战时指挥所和行动中心的需求。信息系统分队负责空军网络的安全运营和抗干扰能力，也负责指定领域的空军态势感知设备安全。信息中心主要为联邦国防军信息技术公司官兵的工作提供支援。第 3 支援处位于卡尔卡地区，编制约 200 人，主要负责空军作战中心非 Herkules 重要信息技术装备的运营与维护，包括空军作战中心、国家形势和指挥中心信息设备、太空形势中心、联合部队空军司令部空军作战中心移动指挥所等。此外，第3支援处还负责空军作战中心下辖国内外机构的信息支持，并为北约通信和信息局提供支援。

空军目标防护团

空军目标防护团（Objektschutzregiment der Luftwaffe）始建于2006年7月，隶属于空军部队司令部，总部位于绍尔滕斯（Schortens），主要负责联邦国防军军事行动区域的防空任务，将可能威胁和风险降至最低。空军目标防护团下设1个参谋部和3个营。参谋部下设训练中队和通信中队；第1营位于绍尔滕斯，下设4个中队；第2营位于迪普霍尔茨，下设3个中队；第3营为预备役营，下设3个中队。

空军航空医学中心

空军航空医学中心（Zentrum für Luft-und Raumfahrtmedizin der Luftwaffe）始建于2013年，隶属于空军部队司令部，总部位于科隆。

中心负责航空医学领域的所有任务，内容涵盖科研、鉴定和训练以及空军飞行领域军医的专业技术指导。

驻外机构

联邦国防军空军飞行员以及防空导弹人员大部分是在美国接受培训。此外,德国空军在意大利也建有培训司令部。

美国空军战术培训司令部

美国空军战术培训司令部（Taktisches Ausbildungskommando der Luftwaffe USA）负责美国飞行员的基础训练,具体包括武器系统培训、飞行教练培训以及武器教练培训。为了完成这一任务,司令部下设空军飞行员培训中心、欧洲/北约联合喷气机飞行员训练中心、德国第2和第3空军训练中队。

美国空军飞行训练中心

美国空军飞行员训练中心（Das Fliegerische Ausbildungszentrum der Luftwaffe）成立于1996年,主要是利用"龙卷风"战机进行空军飞行员基本和高级课程培训,重点是向年轻飞行员、武器系统军官传授基本飞行技能并进行武器训练,对未来的飞行教练、飞行装备军官进行培训。此外,中心还为作战部队的进修和继续发展计划提供支援。

欧洲/北约联合喷气机飞行员训练中心

欧洲/北约联合喷气机飞行员训练中心（Euro NATO Joint Jet Pilot Training）位于德克萨斯州北部谢泼德（Sheppard）空军基地,该基地是美国空军训练司令部最大的培训基地。除了美国军官之外，另有17个国家空军飞行员在此接受培训。

自德国空军成立以来，大部分飞行员都在此参加过为期61周的培训，具体内容包括55周的T-6A"德克萨斯人II"教练机和T-38C型"禽爪"教练机基本和高级课程培训、6周的T-38C型"禽爪"教练机战术飞行培训。

德国第2空军训练大队

德国第2空军飞行大队（2. Deutsche Luftwaffenausbildungsstaffel USA）负责在彭萨科拉（Pensacola）、佛罗里达（Florida）、杰克逊维尔（Jacksonville）、圣安东尼奥（San Antonio）和德克萨斯（Texas）等地参与培训的德国军人的领导工作，同时在飞行训练及其他课程中代表德国利益，并保证课程顺利进行。具体培训包括：

- "龙卷风"战斗机武器系统军官培训；
- C-160运输机战术/系统军官训练；
- 海军P-3C"猎户座"侦察机作战军官训练；
- P-3C"猎户座"侦察机飞行员、飞行工程师及技术人员训练。

德国第3空军训练大队

德国第3空军训练大队（3. Deutsche Luftwaffenausbildungsstaffel）位于亚利桑那州菲尼克斯，主要负责联邦国防军空军和海军后备飞行员的首次飞行培训。根据联邦国防军和汉莎航空公司的协议，由汉莎航空公司子公司亚利桑那飞行训练中心提供飞机、技术维护、后勤、建筑、物资、通讯设备、信息装备等。培训具体内容包括德国空军和海军的首次飞行培训、运输机飞行员飞行基本培训、飞行教练课程培训等。

美国空军反导战术培训与进修中心

美国空军反导战术培训与进修中心（Das Taktische Aus-und Weiterbildungszentrum Flugabwehrraketen der Luftwaffe USA）位于新墨西哥州 Holloman AFB 飞行员培训中心，是联邦国防军空军第二大海外训练机构。

中心主要负责为射击指挥军官以及负责维护的士官培训"爱国者"防空导弹系统的使用技巧。在此基础上，学员将在"爱国者"防空导弹系统战术培训和进修中心接受进修和高级课程培训，学习"爱国者"系统的使用、作战指挥以及其他技术课程。此外，维修、通信以及电子战也是培训的重点内容。除了培训之外，中心还负责与美国防空部门的合作。

第四章 联合支援部队

联合支援部队是联邦国防军三大跨军种联合部队之一，成立于2000年，目前编制约2.8万人。联合支援部队的最高指挥官为联合支援部队监察长，他和副监察长共同构成联合支援部队的最高指挥层。监察长和副监察长都授中将军衔，参谋长授少将军衔。

联合支援部队（Streitkräftebasis）成立于2000年10月，是联邦国防军的跨军种联合部队。联合支援部队的最高指挥官为监察长，中将军衔，副监察长也为中将军衔，参谋长为少将军衔。作为联邦国防军一体化服务机构，联合支援部队承担原本由联邦国防军各军种以及中央军事机构自身承担的后勤任务，主要负责联邦国防军在国内外的所有后勤支援和补给任务。联合支援部队无专用军装，其下辖部队仍然着原有军种军装。

由于联合支援部队由陆军转隶而来，因而也保留了其原有兵种，具体包括：

- 宪兵部队；
- 核生化防护部队；
- 军乐队；
- 部分后勤部队，即原补给部队和维护部队；
- 部分工兵部队，即第164特种工兵团；
- 部分摩托化步兵，即警卫营陆军连。

联合支援部队司令部

联邦国防军联合支援部队司令部（Kommando Streitkräftebasis）成立于2012年9月29日，总部位于波恩，是联合支援部队指挥中枢，也是联合支援部队监察长的参谋部，协助监察长领导司令部下辖的部队和机构。从指挥层面而言，联合支援部队司令部承担下辖单位的运营和补给责任。为了更好地承担专业任务，司令部下辖不同的能力司令部。

在司令部内，副监察长和参谋长直接对监察长负责。副监察长下设预备役事务监督员。参谋长下设参谋本部、4个局及其下属机构：

★军事行动局
- 国外军事行动处
- 军事行动基础处
- 国土防御司令处

★指挥局
- 人事处
- 军事安全处
- 指挥支援处
- 联合支援部队培训处
- 联合支援部队将官医生处

★计划局
- 计划/继续发展/国际合作处
- 能力管理/运营处
- 组织处

★联邦国防军训练局
- 联邦国防军基础训练处
- 联邦国防军部队训练处
- 个人训练主要过程科
- 联邦国防军训练监督员处

联邦国防军后勤司令部

后勤司令部（Logistikkommando der Bundeswehr）始建于2013年1月15日，总部位于埃尔福特，编制约1.6万人，几乎占联合支援部队总人数的一半，因而成为联合支援部队人数最多的能力司令部。

后勤司令部负责联邦国防军后勤体系规划工作，同时还利用其后勤能力和部队为联邦国防军提供后勤支援。为了履行好这一使命，后勤司令部与联邦国防军跨军种联合部队的后勤部队、联邦国防军装备、信息技术和使用局（BAAINBw）、联邦基础设施、环境保护和服务局开展密切合作。此外，车辆方面的专业任务也由后勤司令部负责。

后勤司令部的具体任务包括：

- 指挥下辖部队，保证其做好行动准备；
- 对联邦国防军国内运营和海外军事行动后勤支援进行跨军种规划和指挥；
- 为军事行动提供机动性、持久性强且做好行动准备的后勤部队支援；
- 进一步发展联邦国防军后勤体系；
- 对装备/后勤以及后勤服务进行管理和进一步发展；
- 提交后勤训练计划并进行专业化培训；
- 为德国部队参与多国军事行动制定后勤方案；
- 承担联邦国防军车辆方面的任务。

从地区来看，后勤司令部不仅负责联邦国防军在国内的后勤补给，也需保障临时派驻海外的部队。后勤司令部司令既领导联合支援司令部的机动后勤部队、联邦国防军后勤中心、联邦国防军后勤学校，也领导联邦国防军车辆中心及其下辖驾驶培训中心。

从架构上看，除了参谋本部以外，后勤司令部下设3个局，分别是军事行动局、指挥局和规划局。

军事行动局负责联邦国防军所有军事行动中和国内运营期间的后勤支援规划，尤其是联邦国防军军事行动规划、行动准备、部署、实施行动、撤退和善后整个流程的后勤支援。在此期间还需要重视军事行动或者类似行动，如高度戒备联合特遣部队、北约快速反应部队、欧盟快速反应部队以及联邦国防军国内运营的评估结果。为此，后勤领域的所有任务（后勤指挥、物资管理、维护、技术—后勤管理、交通运输等）都要由军事行动局负责。

指挥局负责为后勤司令部司令的指挥工作提供支援和建议，其工作重点是保证人员和物资的军事行动准备，并负责军事行动以及与盟军协同行动中的后勤补给。此外，指挥局也负责司令部所有机构的情报保障、网络安全以及风险预警。为机动部队指挥官提供指挥支援也属于其职责范围。

计划局负责联邦国防军后勤系统的继续发展工作。计划局局长既是联邦国防军装备/后勤整个流程的管理者，也是后勤服务过程的管理者。计划局后勤基础处在上述两个领域为计划局局长提供支持，同时负责与国防军装备、信息技术与使用局协作，负责 SASPF 后勤部分的维护和继续发展。此外，多国合作、组织和培训任务、后勤数据管理也由计划局负责。在联合支援部队监察长的委托下，计划局还担任装备和使用流程的全权代表，承担其运营和补给责任，并通过这种方式为部队提供后勤支援。

第 161 后勤营

第 161 后勤营（Logistikbataillon 161）位于德尔门霍斯特（Delmenhorst），是联邦国防军军事行动的后勤支援力量，属于联合支援部队的机动后勤部队。第 161 后勤营可以和联邦国防军后勤中心、盟友的后勤部门合作，同时在两个军事行动区域为部队提供后勤支援。

第 161 后勤营现有编制约 1300 人，下设参谋部和 8 个连，分别负责不同类别的物资补给。

1 连负责第 161 营的补给任务，可以同时在两个行动区域为 161 营的指挥工作提供支援。此外，1 连从 2016 年 7 月 1 日起还负责承担联合支援部队 42—60 名新兵的基础训练工作。

2 连和 3 连是后勤补给连，负责军事行动中的基础后勤补给，主要任务是保证军事行动部队的初期和后期补给。

4 连和 7 连作为维修连，各负责运营一个基础维修点。4 连负责联合支援部队的特殊装备以及通用装备的基础维修，7 连的重点是陆军武器装备的维修工作。

5 连和 8 连是运输连，利用不同运输设备如重型运输车、公路罐车（1.8 万升）、集装箱车、带互换平板车的卡车运输各种类型的补给物品，包括危险品、邮件、水等。如果需要补给第 2 个军事行动区域，可以将运输连的部分力量转隶到后勤特遣部队。

6 连是转运连（陆/海），可以在最多两个军事行动区域运营 1 个转运点（陆/海），还负责转运各种类别的补给物品，如空箱、大型武器装备以及有害物质等。

此外，第 161 后勤营部分官兵还需要参加联邦国防军的海外特别行动，如曾经参加过 2017 年和 2018 年的阿富汗、马里、伊拉克北部地区、科索沃的军事行动。第 161 营作为作战营，其出色的后勤能力保证了其能在全世界范围内承担行动任务。

第 171 后勤营

第 171 后勤营（Logistikbataillon 171）位于马格德堡附近的博格地区，目前编制约 1000 人。作为联合支援部队机动后勤部队，是联邦国防军海外行动部队的后勤支援部队。第 171 后勤营有能力同时保障两个军事行动区域的后勤后续补给任务。在军事行动中，第 171 营能够在行动区域建立后勤基地，为相关部队提供后勤服务支援。

第 171 后勤营参谋部的两个后勤行动中心可以同时保证两个以下行动区域后勤基地的指挥工作，它们构成了部队在行动所在国后勤基地的指挥中枢，与联邦国防军后勤中心、盟军以及军事行动所在国的后勤部门或者商业部门合作。在日常运营中，第 171 后勤营负责专业性、一般性军事训练和演习工作，同时为联邦国防军的后勤服务做出贡献。第 171 营有能力为 36 名以下新兵提供基础训练，并为本部门的后勤人员提供岗位培训，如补给兵和物资管理兵。因为很大一部分官兵每 20 个月就要参加一次海外军事行动，所以第 171 后勤营的另一个重点任务是其所属人员的军事行动准备培训。

从架构上看，第 171 后勤营下设参谋部、参谋排和 6 个后勤连。

1 连承担第 171 后勤营的一类后勤补给以及与麦肯（Möckern）地区的协助关系。2 连和 3 连是后勤补给连，在军事行动区域运营补给点，保证军事行动部队的后续补给。2 连和 3 连还分别负责维护与比尔德里茨（Biederritz）以及比茨普尔（Pietzpuhl）地区的协助关系。4 连是维修连，在军事行动所在国的后勤基地运营维修点，该连有能力对联合支援部队的特殊装备以及通用装备进行维修，同时还负责维护与莱森（Ressen）地区的协作。5 连是运输连，负责利用大型装备运输危险品、水等各种补给品。此外，第 171 后勤营还负责为最多 36 名新兵进行为期 3 个月的训练，同时负责维护与戈拉波夫（Grabow）地区的军民共建与互助关系。6 连为空中转运连，有能力运营空中转运点，能够利用空运转运有害物资、危险品等不同类别的补给品。此外，该营还负责维护其与乐堡（Loburg）之间的军民共建与互助关系。

第 172 后勤营

第 172 后勤营（Logistikbataillon 172）位于贝立兹（Beelitz），现有编制约 866 人，主要任务是军事行动所在国后勤基地运营工作，并负责装备和补给物资运输等后勤支援工作。

作为联合支援部队的机动后勤力量，第 172 营的主要任务是国内外的后勤服务，其日常工作的重点是军事行动所在国的后勤基地运营以及与此相关的训练工作。在国内，第 172 营还需要参与救灾行动。

架构方面，第 172 营下设参谋部和 6 个后勤连。参谋部主要在全营的人员、物资管理以及训练计划、组织等方面为营长提供支持。1 连是参谋和后勤补给连，主要负责本营弹药、燃料、膳食、物资等补给工作。技术排负责车辆及其他大型设备的作战准备。自 2016 年 7 月 1 日开始，1 连还负责基本军事训练工作。2 连和 3 连是补给连，负责为国内外的其他部队提供全机动后勤补给，如燃料、水、膳食、弹药、车辆配件以及其他重要军需品。在德国国内，2 连和 3 连在柏林和勃兰登堡设有地区供应中心。4 连是维修连，主要负责与车轮、履带、液压装置、无线电、武器装备、发电机、空调等专业部门合作，保证重要车辆和装备的国内外行动准备。这些任务既包括机动任务，也包括固定地点任务。5 连是运输连，负责物品、车辆和人员在国内外的运输工作，服务范围涵盖军事行动所在国的重型运输、危险品运输以及装甲运输等。6 连是预备役连，是第 172 营的补充部队，共有编制 199 人，主要通过预备役为现役部队在国内外的任务提供支援。

第 461 后勤营

第 461 后勤营（Logistikbataillon 461）位于德国巴登·符腾堡州、巴伐利亚以及黑森州的交界处瓦尔杜恩地区（Walldürn），现有编制约 850 人，来自联邦国防军不同军种，主要负责为联邦国防军执行军事行动的部队提供后续后勤支援，并对其下辖部队所提供的后勤服务进行指导和监督，其后勤行动中心是军事行动区域后勤基地的指挥中心，直接与国内后勤基地、盟友以及所在国后勤机构进行合作。

第 461 营下设参谋部、参谋排、2 个后勤行动中心、6 个后勤连。这种架构保证了第 461 营能够同时为两场军事行动提供补给，并对其执行行动任务的下辖部队补给、运输、转运、维护等服务和第三方服务进行管理和监督。

参谋排主要是为参谋部以及后勤行动中心提供人力支持，参谋部和后勤行动中心所有人员都由参谋排共同指挥。1 连是参谋补给连，负责第 461 营自身的补给，可以同时为两个行动区域提供支援。此外，1 连每个季度还需承担约 36 名新兵的训练工作。2 连和 3 连是补给连，各负责支持一次军事行动任务。它们主要负责补给设施和补给点的运营工作，其中包括 4 个以下邮局、1 个野外加油站/燃油库、1 个野外弹药仓库/野外弹药补给点和野战营地的弹药存储点。4 连是维修连，负责联合支援部队的物资维修工作。此外，该连在执行军事行动任务时还负责建立和运营野外维护点以及服务机构。5 连是运输连，承担危险品、有害设备等运输工作。6 连是预备役部队，主要通过预备役为现役部队在国内外的任务提供支援。

第 467 后勤营

第 467 后勤营（Logistikbataillon 467）是联合支援部队机动支援部队的一部分，主要为执行军事行动的部队提供后续补给。为了更好地完成这一任务，第 467 后勤营可以根据具体情况建立和运营先进的后勤基地。为了为作战部队提供个人消耗品、大宗消耗品以及非消耗品长期补给，该营有能力在一个或多个军事行动区域建立和运营后勤设施，并为其提供保护。此外，第 467 后勤营还能够建立物资和人力服务点，并由其自身力量负责运营。第 467 后勤营在运输、补给、维修和转运方面专业人才储备丰富，其重点是为北约快速反应部队以及欧盟快速反应部队提供人力支援。为了更好地完成任务，该营的训练导向是，在最短时间内能够部署到军事行动区域，并承担相应的后勤任务。为此，它们须具备一定的军事和后勤能力，保证其在基础设施条件以及自然环境条件较差的情况下，也能够完成上述任务。

第 472 后勤营

第 472 后勤营（Logistikbataillon 472）位于巴伐利亚州库美尔布吕克地区（Kümmersbruck），主要负责为联邦国防军执行军事行动的部队提供后续后勤支援，能够同时为两场军事行动部队提供后续补给，并对其下辖部队所提供的后勤服务进行指导和监督。其后勤行动中心是军事行动区域后勤基地的指挥中心，也可以直接与本国相关部门、盟友以及所在国后勤机构进行合作。

第 472 营下设参谋部、参谋排以及 6 个连。参谋排主要为参谋部的日常运营提供支援，包括营指挥部的勘察、建设和保卫工作。1 连是补给连，主要负责为营参谋部提供支援，并负责本单位 1 类后勤补给。2 连和 3 连是后勤补给连，主要为承担军事行动任务的部队提供弹药、燃油、给养等大宗消费品补给以及替换部件等个别消耗品，同时也提供邮政服务等。4连是维修连，编制约200人，是第472营下辖的最大连队。4连未来将设2个维修中队，保证能够同时负责两起维稳行动的支援工作。在军事行动中，包括无线电台、发电机、空调乃至所有轮式车的维修工作都属于4连的职责范围。5连是运输连，主要任务是重型运输、危险品运输、集装箱运输等，同时也负责36名新兵以下规模的新训任务。6连是转运连，主要负责通过公路、铁路、海路、空运等途径转运各类补给品，有能力在作战区域建立和运营港口转运点以及空中转运点。

联邦国防军后勤学校

联邦国防军后勤学校（Logistikschule der Bundeswehr）始建于2006年10月1日，总部位于不莱梅州的加尔施泰特（Garlstedt）地区。后勤学校的前身是德国陆军补给学校，现已成为联合支援部队的跨军种培训机构，负责联邦国防军所有军种的后勤、指挥、专业人员培训、进修，同时负责后勤部队的军事行动准备、特种工兵的培训等工作。此外，学校还负责危险品运输人员、驾驶员的培训等。

后勤学校现有编制为632名现役军人、132名文职人员以及15名公务员，他们根据各自任务需要分布在德国各地。学校可以提供超过220个不同的训练科目。

学校的架构为：
- 教学训练处；
- 参谋部；
- 后勤演习中心；
- 中心任务处；
- 特种工兵训练和演习中心；

- 支援处；
- 装备/消费品管理/行动检验处；
- 联合后勤支援小组协调和培训中心。

其一，教学训练处。教学训练处是课程培训的核心机构，编制为250人左右，他们来自联邦国防军的不同军种，教学训练处处长同时兼任学校副校长。除了部队专业教官以外，教学训练处下设3个教导营，教导营下设11个教导连。第1教导营下设3个教导连，其重点是大学毕业至营长以下级别军官的培训，同时也负责军官在大学毕业以后到第一次任职期间的培训工作。第2教导营下设4个教导连，其中3个位于加尔施泰特，1个位于普隆。第2教导营主要通过超过40种不同课程，为文职人员以及校级以下军官（含）提供物资管理和给养等方面的培训和进修。第3教导营也下设4个教导连，主要负责在联邦国防军车辆领域任职的指挥、驾驶人员的车辆技术培训。此外，第3教导营还是危险品、交通运输培训机构，负责补给士官的资质认证工作。

其二，后勤演习中心。后勤演习中心建立于2006年，主要负责联邦国防军后勤部队的演习工作，同时保证德国军事行动任务承担部队的后勤人员做好行动准备。为了实现这一目的，后勤演习中心的行动训练几乎完全按照实战标准进行，因此中心必须根据行动要求进行持续的调整和更新。

其三，特种工兵训练和演习中心。特种工兵训练和演习中心主要负责军事行动中的野外营地和油库建设与运营。中心培训所使用的工兵技术设施与野外营地所使用的实际装备完全吻合。

其四，联合后勤支援小组协调和培训中心。联合后勤支援小组协调和培训中心成立于2017年10月1日，是战役/战术层面的多国后勤指挥能力中心，这也标志着北约框架国方案架构下的联合后勤构想已经正式成为现实。作为框架国方案中的框架国家，德国可以利用快速反应能力、较强的贯彻能力以及持久能力，在可部署的多国部队建设、培训和继续发展方面提供支持。

联合后勤支援小组协调和培训中心能够保证行动区域的多国后勤人员做好专业的行动准备，也是联合后勤支援小组总部的中央培训机构。为此，施训部队专门建立了针对军事行动的演习场，课程参与者可以在这里建立一个融合多国作战能力的指挥所。从2024年起，联合后勤支援小组协调和培训中心将成为涵盖培训设施、高素质人才以及配备IT设备的可移动指挥所，融合训练、演习、继续发展、军事行动等多种功能。

联邦国防军后勤中心

联邦国防军后勤中心（Logistikzentrum der Bundeswehr）始建于2002年3月，总部位于威廉港。联邦国防军后勤中心是联邦国防军后勤工作的主管单位，目前编制约7000人，根据任务需求分布在德国各地，位于威廉港的总部编制超过1000人。除了负责人员指挥、军事安全、规划组织、后勤补给、信息技术服务等工作的参谋部之外，中心还下设5个处，分别是补给链管理处、物资管理处、维护和生产处、交通运输处以及固定后勤设施处。

其一，补给链管理处。联邦国防军后勤中心负责联邦国防军后勤支援的整个规划和控制流程，并确保后勤网络补给链的最优化。补给链管理处是这一链接的核心机构，它可以利用其他部门的知识和技能，并以跨部门的整体化方式对上述部门的后勤流程进行整合，其最终目标是及时全面地满足部队需要。

其二，物资管理处。物资管理处主要通过控制物料流和库存对补给品进行管理，目的是提高物资管理效率。联邦国防军各军种原本独立的物资管理处目前已全部由联邦国防军后勤中心统管，利用这种能力捆绑的协同效应，物资管理处可以实现跨军种后勤任务诊断和管理，这有利于相关部队更快地获取所需物资。此外，物资管理处还负责物资的筛选和回收利用。总体而言，物资管理的集中化能够节省费用和人力，进而提高后勤管理效益。

其三，维护和生产处。维护和生产处主要负责日常运营以及军事行动区域联邦国防军一般性物资维护工作，承担装备维修协调工作。维护和生产处的总部位于威廉港，而其下辖的6个后勤管理机构则根据需要分布于德国境内外的不同地区，其每年需承担超过20万次军民维护任务，超过200工时用于大型工厂、系统维护中心、空军造船厂以及军事基地内的维修工作。为了保证这一能力，维护和生产处会制定年度维护计划，并将物资送入工厂，以满足维修需要。如果军事行动部队有更换部件或者检验部件的需求，且这种任务只能由专业人员完成，那么维护和生产处会派人到相关部队提供现场服务。

其四，交通运输处。作为联邦国防军的中心服务提供者，交通运输处负责为联邦国防军在世界范围内的军事行动任务、军事演习以及日常运营提供交通运输服务。交通运输处的核心能力在于战略部署，其范围涵盖普通车辆和坦克的配备部署。作为运输能力以及相关转运服务的中心提供者，交通运输处是联邦国防军所有需求者及其地方承包商的服务提供者，它们能够对德国部队的部署进行规划，通过国内和国际协调，提供需要动用的军地运输资源。专门从事各类运输工作的部门在收到运输要求后就会开始规划和组织，与州政府、道路管理部门、警方展开密切合作，同时也会展开国际层面的合作。

其五，固定后勤设施处。长期以来，联邦国防军一直希望对分散于德国境内的所有后勤服务部门进行统一管理，随着固定后勤设施处的成立，这一设想终于成为现实。自2012年7月1日起，固定后勤设施处开始对德国境内的6个弹药库、6个材料库及其下辖仓库、维修点、燃油库、联邦国防军海外行动物资管理中心、机电一体化和校准中心、9个培训机构等进行统一指挥，总计包括约50个后勤机构，超过6000名军人和文职人员。这也是联邦国防军固定后勤设施首次实现了统一领导。这种隶属关系的改变是联邦国防军军事变革的重要成果，它使得固定后勤设施处能够对联邦国防军日常和军事行动中的后勤服务工作进行统一指挥和监督。联邦国防军后勤中心人数因此增加到7000人左右，位于威廉港的总部也因固定后勤设施处的建立而增加了多个岗位，联邦国防军后勤中心的重要性也得到了很大提升。在其下辖的各处、外站以及参谋部的支持下，联邦国防军后勤中心能够全天候且保质保量地满足国内和海外部队的需求。

第164特种工兵团

第164特种工兵团（Spezialpionierregiment 164）位于胡苏姆，主要负责联邦国防军士兵在野战营地的安置。当联邦国防军军事行动所在国存在基础设施不足或者质量存在不足时，特种工兵团可以进行勘察、规划、建设运营等工作，保证相关部队的扎营和补给安全。此外，该团还负责建造和运营野外燃料库和燃油管道，保证军事行动部队的燃料供应安全。在发生自然灾害或者其他突发事件时，特种工兵团还将根据军民合作协议，开展救灾工作。

第164特种工兵团下设8个连。1连是参谋补给连，负责为全团提供服务，包括弹药、燃料、给养、物资等材料供应。此外，该连还下设2个水处理排和1个维修排，配备各种建筑器械和工兵车辆。2连至7连都是野外营地运营连，分别由2个野外营地建设和运营排、1个补给排组成。每个运营排都有能力建设、运营和补给可以容纳900名军人的野外营地。8连是管道工兵连，主要负责建立并运营野外燃料储存和管道系统，并保证其符合环保要求。为了完成这一任务，8连下设3个排，每半个排的兵力即有能力建设和运营野外燃油仓库，具体的服务规格根据服务对象确定。在发生自然灾害或特别严重的事故时，第164特种工兵团军民合作基地需要开展救灾服务。基地目前拥有多种不同类别的工兵器械，如土方工程车、旋转装卸机、多功能履带式挖掘机、液压挖掘机和自卸卡车等。此外，基地还设有1个工兵坦克排，并配备6辆"獾"式坦克。

联邦国防军车辆管理中心

联邦国防军车辆管理中心（Zentrum Kraftfahrwesen der Bundeswehr）始建于2018年4月20日，总部位于门兴格拉德巴赫—莱茵达伦（Mönchengladbach-Rheindahlen）地区，其最终目标是保证联邦国防军在国内外的安全驾驶。驾驶规定、司机素质以及军车的运行安全是实现这一目标的前提条件。

从架构上看，除了参谋部之外，联邦国防军车辆管理中心下设指挥和驾驶培训处、驾驶继续发展处、人员审批处、车辆审批处和车辆质量管理处。

其一，指挥和驾驶培训处。指挥和驾驶培训处负责在部队指挥事务方面为中心主任提供支持和建议，同时负责车辆基本培训以及交通安全工作。该部门承担的其他任务还包括人员管理、军事安全、训练/组织、后勤以及指挥支援等事务。

其二，驾驶继续发展处。驾驶继续发展处负责其他各处履职规定的制定，包括指挥/驾驶培训处的驾驶培训。

其三，人员审批处。人员审批处既是联邦国防军的中央驾驶执照授权机构，也是《联邦驾驶员法》所批准的驾驶执照颁发机构，可以进行驾照考试、驾驶教练考试以及官方认可的其他活动。

其四，车辆审批处。车辆审批处的职能类似于地方的车辆管理所，同时增加了尾气检测、安全监测等业务。车辆检查以及由于缺陷导致的事故调查也属于车辆审批处的业务范围。为了完成上述任务，车辆审批处又分为评估、军事经营许可和审批等部门。

其五，车辆质量管理处。车辆质量管理处主要负责在基本培训、驾驶执照检查、道路安全、车轮/履带检查、汽车专业人员培训等方面的质量安全措施开展落实、评估和整改工作。

联邦国防军宪兵司令部

联邦国防军宪兵司令部（Kommando Feldjäger der Bundeswehr）成立于2013年2月20日，总部位于汉诺威—波特菲尔德（Hannover-Bothfeld）地区的沙恩霍斯特军营，编制146人，其主要任务包括：

- 联邦国防军宪兵方面的管理任务；
- 指挥下辖宪兵部队和学校；
- 国内宪兵工作规划与落实；
- 协调宪兵的海外行动；
- 做好宪兵部队的行动准备和持续能力；
- 联邦国防军宪兵发展；
- 训练规划与指挥。

宪兵司令部的下辖部队包括3个宪兵团以及联邦国防军宪兵和参谋学校。

第1宪兵团

第1宪兵团（Feldjägerregiment 1）成立于2013年10月1日，总部位于柏林，编制约900人，包括现役军人和文职人员。

第1宪兵团的前身是原350宪兵营，主要任务包括军纪法规、军事交通、安全保卫、调查分析、国土防御支持等，其管辖范围从北部边界延续到南部厄尔茨山地区，包括75个军事基地总计5.1万联邦国防官兵。第 1 宪兵团下设 9 个连，分别是柏林参谋补给连、柏林国防部警卫连、柏林宪兵司令部、基尔宪兵司令部、新布兰登堡宪兵司令部、汉堡宪兵司令部、斯托科夫宪兵司令部、博格宪兵司令部、莱比锡宪兵司令部。国防部警卫连主要负责联邦国防部的保卫工作，2018 年新成立的 13 连则负责护卫和人员保护等。

第 2 宪兵团

第 2 宪兵团（Feldjägerregiment 2）成立于 2013 年 10 月 1 日，总部位于希尔登（Hilden）。该团是在联邦国防军军事变革中成立的一支部队，由联邦国防军原 152/251 和 252 宪兵营整合而成。第 2 宪兵团的主要任务包括军事纪律、军事交通、安全保卫、调查分析、国土防御支援等。此外，该团还承担人员保护、空中安全、人道援助等宪兵和军警特别任务。第 2 宪兵团的管辖区域包括下萨克森、不莱梅、北莱茵·威斯特法轮、黑森、莱茵兰·普法尔茨、萨尔州等，其下辖部队包括希尔登参谋补给连、蒙斯特宪兵司令部、汉诺威宪兵司令部、威廉港宪兵司令部、奥古斯特道夫宪兵司令部、波恩宪兵司令部、希尔登宪兵司令部、美因茨宪兵司令部、弗里茨拉尔宪兵司令部、汉诺威预备役连、美因茨预备役连和希尔登预备役连。

第 3 宪兵团

第 3 宪兵团（Feldjägerregiment 3）建立于 2013 年 10 月 1 日，总部位于慕尼黑，编制约 950 人，其中 110 名为女性。第 3 宪兵团的主要任务包括提供承担国家和多国宪兵任务的宪兵部队；在军事行动区域就与宪兵相关的事宜为本国和盟国部队提供支持；保证部队的指挥和补给安全；对部队训练和进修进行规划、实施和评估等。

第 3 宪兵团的下辖部队包括慕尼黑补给连、施泰滕宪兵司令部、慕尼黑宪兵司令部、埃尔福特宪兵司令部、法伊茨赫希海姆宪兵司令部、布鲁赫萨尔宪兵司令部、乌尔姆（Ulm）宪兵司令部、罗丁宪兵司令部和罗特宪兵司令部。

联邦国防军宪兵和参谋学校

联邦国防军宪兵和参谋学校（Schule für Feldjäger und Stabsdienst der Bundeswehr）成立于1956年，总部位于汉诺威。宪兵和参谋学校主要担任两方面任务：一是对即将承担参谋职务的军人进行培训，课程包括人事参谋/军官课程、人事士官课程、参谋军官课程等；二是对宪兵（军警）进行培训。除了宪兵演习中心之外，学校还设2个教导营。第1教导营负责宪兵部队后备课程、军官和士官应用和继续发展课程等；第2教导营负责联合支援部队、中央卫勤部队、陆军所有军人的专业和应用课程培训。除此之外，学校还提供警报、动员课程培训，并负责候补技术军官到参谋管理人员的培训。

联邦国防军核生化防护司令部

联邦国防军核生化防护司令部（ABC-Abwehrkommando der Bundeswehr）成立于2013年4月23日，总部位于布鲁赫萨尔，其主要任务是为联邦国防军的核生化防护工作制定基础方案，同时对联邦国防军核生化防护部队进行培训，使其做好军事行动准备。核生化防护司令部下辖部队主要负责对核生化材料以及类似的工业有害物质进行侦察，对人员、

物资和基础设施进行净化和消毒，协助控制有害物质并进行饮用水处理。此外，对核生化状况进行预测、评估并给出防护建议也属于其业务范畴。

核生化防护司令部下辖机构包括第 750 核生化防护营、第 7 核生化防护营以及核生化防护与法律保护任务学校。

第 750 核生化防护营

第 750 核生化防护营（ABC-Abwehrbataillon 750）始建于 2007 年 1 月 1 日，总部位于布鲁赫萨尔，编制为 800 人。第 750 核生化防护营利用其特殊的核生化防护能力为联邦国防军在国内外提供支持，主要任务包括核/化侦察、生物抽样、去污、水处理和天气观测等。自 2014 年 4 月 1 日起，该营还专门配备了核生化防护快速反应排以及消防排。此外，第 750 营还拥有一个排编制的军事疏散力量，随时准备对遭遇危机的海外德国公民进行救援疏散。除上述任务外，该营的官兵也负责其驻地的弹药和燃油供应。

第 750 核生化防护营目前下设 1 个参谋部和 6 个连，其中 1 连为补给连，2 连、3 连和 5 连为核生化防护连，4 连为轻型核生化防护连，6 连为预备役连。

第 750 核生化防护营的装备有 TEP90 消洗车、"狐"式（FUCHS）装甲感应车、各种生化放射材料感应和检测器等。

第 7 核生化防护营

第 7 核生化防护营（ABC-Abwehrbataillon 7）始建于 1993 年，总部位于霍克斯特（Höxter）和胡苏姆地区，其主要任务是在国际或者多国合作行动中为部队提供核生化防护支持，具体包括：

●利用世界上最先进的侦察车——"狐"式感应装甲车对核生化材料进行侦察；

●通过移除与中和核生化材料，对人员、车辆、物资以及街道、不动产、一般性基础设施进行净化；

●协助采取消毒和卫生措施；

●协助处理污水，提供紧急供水服务。

第7核生化防护营下设1个参谋部和6个连。参谋部主要负责协助营长的日常指挥、人员管理、军事情报和安全、军事行动计划和指挥、组织和训练、后勤和指挥支援等。1连是补给和支援连，2连、3连和4连是军事行动连，有核生化侦察、净化和水处理能力。5连是净化连，除了承担净化任务之外，还负责消防工作。6连为预备役连，负责为第7核生化防护营提供人力支持。

核生化防护与法律保护任务学校

核生化防护与法律保护任务学校（Schule ABC-Abwehr und Gesetzliche Schutzaufgaben）始建于1956年7月1日，总部位于松特霍芬（Sonthofen），是联邦国防军联合支援部队核生化防护、环境保护、辐射防护、自我保护、消防以及工作安全中心训练机构。学校的主要任务包括：

●联邦国防军核生化部队的核生化防护能力培训；

●核生化防护部队进修；

●联邦国防军官兵自我防护、消防、防辐射、环境保护、职业安全培训；

●核生化机械师、核生化电子维护人员以及核生化器械检验人员培训；

●排爆人员化学武器培训。

学校每年的培训任务约为3600人次，目前下设中心支援处、教学训练处、核生化防护演习中心、科学处等，它们分别承担不同的使命职责。

其一，教学训练处。

• 课程培训；

• 对领导力培训方针及其整体目标进行评估，并将其转化为训练和课程计划指令，制定核生化防护部队课程训练基础；

• 制定报告和警告、自我保护、消防、辐射防护、环境保护、职业安全的课程培训基础；

• 教学训练处处长负责学校教导营的指挥和协调工作，并对教学实施监督；

• 教学训练处处长制定培训规定；

• 教学训练处处长代表校长。

其二，科学处。

• 利用实验室调查可疑样本，开发和验证方法和流程，维护与设备相关的数据库，确保核生化防护建议的科学性；

• 开展科学和实验性工作，为负责核生化支援的实验人员以及特种核生化防护反应排的专业人员组织培训、演习；

• 为联邦国防军核生化防护司令部基础/继续发展处提供支援，同时为国内和国际机构提供科学知识和专业建议；

• 通过专业人员为环境保护、消防、职业安全等领域提供支持；

• 承担科学处的行政和领导任务，保证日常正常运营；

• 科学处处长在国内以及国际任务中负责核生化建议、训练支援、继续发展支援等总体任务；

• 科学处处长为科学规划和科学事实制定指导方针；

• 科学处处长就专业和实验室人员训练和进修措施计划和实施方案制定规定；

• 科学处处长通过与国内国际机构和组织合作，或者通过参与研讨会的形式，获取发展咨询流程的信息；

●科学处为参加北约、欧盟和联合国等国际会议的德国代表提供建议。

其三，核生化防护训练和演习中心。

●为联邦国防军核生化防护司令部的训练和演习计划提供支援，并在国内外准备机动训练小组；

●实施面向作战环境的核生化防护训练；

●保证军事行动部队能够快速部署到相关区域；

●根据框架国协议对盟国相关人员开展培训，并提供机动训练小组；

●为多国或者本国核生化防护部队的训练和演习计划提供支持；

●负责核生化防护专业部队和特种部队训练的计划、准备和实施；

●根据核生化防护司令部的指示，负责军事行动检查，并为新物资的试验计划提供支持；

●根据核生化防护司令部的指示，研究作战战术、培训方法。

其四，中心支援处。

●负责对学校的运营、训练等支持需求进行评估，并提供必需的支援；

●为课程运营提供资源支持；

●为核生化防护训练、自我防护、法律保护任务提供远程培训计划、电脑辅助学习程序；

●为核生化防护司令部和联邦国防军消防中心提供印刷品、数字化媒体；

●对联邦国防军以及私人服务供应商的需求进行评估与协调；

●协调部队派遣；

●中心支援处协调数字化培训材料和培训辅助材料的制定。

联邦国防军国土任务司令部

联邦国防军国土任务司令部（Kommando Territoriale Aufgaben der Bundeswehr）始建于 2013 年 1 月 24 日，总部位于柏林，司令为少将军衔。司令部主要负责联邦国防军的应急救灾等军民合作事务。除了柏林总部之外，联邦国防军国土任务司令部下辖 15 个联邦州司令部。

联邦州司令部的主要任务是代表联邦国防军处理与联邦州之间的事务，在军民合作中代表联邦国防军利益，在提供援助时根据联邦国防军的能力向地方机构提供建议，并执行联邦国防军在各州的任务。具体任务包括：

• 领导联邦各州的区司令部和县联络司令部。这些单位全部编配文职人员，主要负责为其对口的地方部门提供救灾计划、准备和协调等方面的建议；

• 对支援要求进行分析、评估，并上报联邦国防军国土任务司令部；

• 根据地方需求，派遣联邦国防军参与抢险救灾；

• 根据规定为北约驻联邦州部队提供东道国支援；

• 负责非任命的志愿预备役工作和预备役培训；

• 负责驻各州联邦国防军下辖单位的媒体工作和公众活动；

• 就环境以及其他事宜向驻联邦州的演习或训练部队提供建议；

• 负责下辖单位的指挥工作，如家庭指导中心、体育促进会等。

联邦国防军国土任务司令部下辖的 15 个州司令部情况如下：

表 11　联邦国防军州司令部列表

编号	州司令部	所在地	徽章
1	巴登·符腾堡司令部	斯图加特	
2	巴伐利亚司令部	慕尼黑	
3	布兰登堡司令部	波茨坦	
4	不莱梅司令部	不莱梅	
5	汉堡司令部	汉堡	
6	黑森司令部	威斯巴登	

续表

编号	州司令部	所在地	徽章
7	麦克伦堡·前伯梅司令部	什未林	
8	下萨克森司令部	汉诺威	
9	北莱茵·威斯特法伦司令部	杜塞尔多夫	
10	莱茵兰·普法尔茨司令部	美因茨	
11	萨尔司令部	萨尔路易	
12	萨克森司令部	德累斯顿	

续表

编号	州司令部	所在地	徽章
13	萨克森·安哈特司令部	马格德堡	
14	石勒苏益格·荷尔斯泰因司令部	基尔	
15	图林根司令部	埃尔福特	

资料来源：https://www.kommando.streitkrajtebasis.de.

联合支援部队局

联合支援部队局是联合支援部队能力司令部之外最重要的支柱之一，承担联邦国防军各军种的专业性任务，在全球范围内有112处下辖单位。除德国驻北约和外国使馆武官处之外，主要分布于军控、军乐、军犬、军体以及其他驻外机构。

联邦国防军军犬学校

联邦国防军军犬学校（Schule für Diensthundewesen der Bundeswehr）始建于1958年，是联邦国防军从事军

犬工作专业人员的军事培训机构。学校一方面通过对训犬员和服务犬的训练来满足联邦国防军对于合适的服务犬分队的需求，另一方面负责军犬训练和使用的质量、检验联邦国防军军犬分队的业务水平。学校也负责联邦国防军军犬的继续发展、军犬装备、培训器械、卫生装备的采购补给等。此外，该学校还负责联邦国防军军犬的卫生医疗服务。

联邦国防军体育学校

联邦国防军体育学校（Sportschule der Bundeswehr）始建于1957年2月5日，总部位于瓦伦道夫（Warendorf）。学校目前设有38种课程，参训军官和士官可达3000人。该校是联邦国防军体育及身体机能中心培训机构，负责训练教官及专业体育教官的培训工作、联邦国防军部队体育教官的进修工作等。此外，学校还负责与海外军事行动关系密切的体育和身体机能方面的科研工作。与此同时，学校也采取预防性、恢复性等康复措施，帮助提高联邦国防军官兵的身体技能。

联邦国防军核查中心

联邦国防军核查中心（Zentrum für Verifikationsaufgaben der Bundeswehr）成立于1991年，总部位于盖伦基兴（Geilenkirchen）。其主要职能是在联邦国防部领导下，根据德国外交部规定，保证德国与其他国家缔结的具有国际和政治约束力的军备控制条约的执行。中心170名成员主要通过全球观察飞行，检查缔约方的军事设施，并陪同外国代表团到德国进行检查。目前中心已经完成了约3000次军控活动，且大约有2/3以上发生在德国本土之外。

联邦国防军核查中心目前下设5个处：

1处是中央军控处，主要任务涵盖基本任务、部长层面的协助工作、联邦国防军的国际合作及军控训练等领域。具体包括编写制定军控协议、评估其他国家信息、评估各国条约遵守情况。该处还负责联邦国防军的军控文献事务，同时为军控行动提供 24 小时全天候服务。

2 处是区域常规军控处，负责处理欧洲常规军控条约的具体实施，包括欧洲常规武装力量条约、2011 年维也纳文件以及代顿和平协定。作为履行上述条约的德国权利与义务的一部分，2 处为其缔约伙伴编制德国武装部队的相关信息，并对其合作伙伴情况进行评估。

3 处是全球军控处，负责各种军控协定在军事层面的落实情况，包括禁止生化武器条约规定、禁止核试验、载体技术不扩散、武器装备转让和弹药管理国际协定等。因为是全球军控处，所以 3 处的业务几乎覆盖全球。

4 处是开放空域处，负责开放空域条约的实施工作。该处正计划在温哥华和符拉迪沃斯托克之间的其他缔约国进行观察飞行。4 处目前使用的飞机都来自其他缔约国，但是从 2020 年起，德国将再次拥有自己的观察飞机。此外，4 处也负责其他缔约方的代表团在德国的观察飞行。

5 处是指挥处，主要负责中心的日常运营，同时还负责人事和纪律事务、新闻和公共关系、人事和军事安全、军事人员培训和教育、后勤补给、车队、信息和通信技术等。此外，该处还设有国家军控数据库。

联邦国防军信息工作中心

联邦国防军信息工作中心（Zentrum Informationsarbeit Bundeswehr）成立于 2014 年 12 月 1 日，其前身是联邦国防军信息通信学院。中心目前下设 5 个部门，分别是中心处、联邦国防军信息工作中心学院、联邦国防军编辑部、联邦国防军社会工作处、继续发展处。

中心处位于斯特劳斯贝格，下设管理层、参谋处以及参谋本部。自 2016 年 4 月 1 日以来，该处同时承担地方职业培训和进修指导任务。

联邦国防军信息中心学院专门负责联邦国防军信息工作和职业咨询人员的培训和继续教育、联邦国防军和国防部所选定人员的媒体和通信培训工作。

联邦国防军编辑部是联邦国防军的出版机构，负责联邦国防军纸质、在线以及社交传媒产品的制作。

联邦国防军社会工作处主要负责研讨会组织工作，这也是其公共关系工作的一部分。此外，联邦国防军青年军官也被视为公共安全和防务政策的宣传者。

继续发展处主要致力于联邦国防军信息工作的趋势、分析、研究支持以及组织程序审查等业务。在业务方面，该处可直接与联邦国防部新闻和信息工作参谋部建立联系。

联邦国防军军乐中心

联邦国防军军乐中心（Zentrum Militärmusik der Bundeswehr）成立于 2009 年，是联邦国防军所有音乐机构的中心管理机构。目前，其下设 14 个管弦乐队，分别是联邦国防军训练乐队、联邦国防军大乐队、联邦国防军山地乐团、汉诺威陆军乐队、卡塞尔（Kassel）陆军乐队、科布伦茨（Koblenz）陆军乐队、新布兰登堡陆军乐队、乌尔姆陆军乐队、法伊茨赫希海姆陆军乐队、埃尔福特空军乐队、敏斯特空军乐队、基尔海军乐队、联邦国防军乐队、联邦国防军参谋乐队。

多国部队作战指挥司令部

多国部队作战指挥司令部（Multinationales Kommando Operative Führung）成立于2013年7月1日，总部位于乌尔姆。司令部主要职能是应对当前国际危机所带来的各种挑战，包括伊斯兰国、基地组织等带来的恐怖主义威胁、克里米亚危机造成的安全影响，以及长期以来巴尔干、中东及中非地区的危机。

应伙伴国要求，德国正试图通过乌尔姆多国部队作战指挥司令部承担其在世界范围内的安全责任。随着格鲁吉亚、叙利亚以及乌克兰地区政治危机和武装冲突的发生，集体防御重新成为欧洲安全政策的重要话题，因此德国决定积极参与北约层面的新指挥部建设工作。

2018年6月，欧盟成员国同意在乌尔姆建立北约联合支援和执行司令部（JSEC），建成后将隶属于欧洲盟军最高司令部（SHAPE），主要负责部队和物资运输、保护及作战能力准备。到2021年10月，北约联合支援和执行司令部将完全做好行动准备。

联邦国防军驻美加司令部

联邦国防军驻美加司令部（Bundeswehrkommando USA und Kanada）始建于1993年9月1日，总部位于美国弗吉尼亚州莱斯顿地区（Reston），编制约350人。该司令部是德国在北美地区的最高司令部，也是德国本土之外的最大军种联合司令部，负责指挥联邦国防军在北美40多个机构的官兵及文职人员，同时与驻美加的德国武官共同负责德美及德加之间的军事合作。德国驻美加司令部负责其下属单位的后勤补给，并按照德国标准开展网络和通信基础设施建设与运营工作，保证其下辖单位能够完成相关任务，并为联邦国防军的训练计划提供支持。司令部的官兵参与美国和加拿大部队的课程培训。

联合支援部队驻英代表团

联合支援部队驻英代表团（Deutsche Delegation Großbritannien）成立于 2015 年 7 月 1 日，负责联邦国防军驻英部队的指挥工作，该代表团参谋部位于伦敦西北部的哈菲尔德（Harefield）地区，目前共有 70 名官兵驻守英国和爱尔兰，具体机构包括通讯总部德国分队、北约联合电子核心参谋部、联合支援部队联络司令部等。所有在英国和爱尔兰参加课程培训的德国军官以及空军交流军官，都受联合支援部队驻英代表团指挥。后者与联邦国防军驻英国管理中心合作，负责在英德国军官的指挥和管理。

联合支援部队驻荷代表团

联合支援部队驻荷兰代表团（Deutsche Delegation Niederlande）成立于 2015 年 7 月 1 日，总编制约 250 人，分布在德国和荷兰两国，主要负责联邦国防军大部分驻荷官兵的指挥工作。联合支援部队驻荷代表团成员来自联邦国防军各大军种，主要在北约参谋部高要求的专业岗位、联络机构等部门任职。联合支援部队包括布朗苏姆（Brunssum）联合部队司令部德国分部、北约通信与信息局乌尔德牧办事处和拉姆施泰因（Ramstein）办事处等。

乔治 C. 马歇尔中心德国分部

乔治 C. 马歇尔中心（George C. Marshall Center）是美国建立的区域中心之一，主要从事全球安全工作。在美国所建立的 5 个区域中心中，有 4 个位于美国本土，只有乔治 C. 马歇尔中心位于德国巴伐利亚州，由美国和德国共同负责。乔治 C. 马歇尔中心的主要目标是为东欧和中亚地区与联合安全、民主等有关的研讨会和会议提供资助。目前乔治 C. 马歇尔中心编制约 270 人，其中 30 名为德国籍军官与文职人员。

上阿玛高北约学校德国分校

上阿玛高北约学校德国分校前身是第二次世界大战结束后由美国人在上阿玛高（Oberammergau）建立的第 6819 信息和教育学校，1953 年 3 月起为北约军官和参谋人员开设第一批课程。1966 年开始，负责这些课程的学术处被调整到北约武器系统部，归欧洲盟军最高司令部指挥。随着更多课程的开设，该部逐渐发展壮大，成为北约武器系统学校，也是美国军队在欧洲的独立总部。1975 年，该机构更名为北约学校，隶属于盟军力量欧洲最高总部，2003 年又转隶北约盟军转型指挥部。

尽管被命名为北约学校，但是该机构并不是北约司令部的一部分，而是像许多其他支援机构一样，是一个独立的跨国组织。德国和美国扮演框架国角色，为其提供基础设施和后勤支援。目前参与其中的还有其他 20 个国家，培训对象大部分来自北约成员国，但是也有部分来自阿根廷、澳大利亚、南非等国家。学校开设课程达上百种，内容涉及联合作战、作战规划和指挥、网络防御、国际法等。

联邦国防军标准应用软件联合培训中心

联邦国防军标准应用软件联合培训中心（Integriertes Fach- und Ausbilderzentrum SASPF Bw）成立于 2007 年 1 月，总部位于亚琛（Aachen），主要目的是保证联邦国防军的标准应用软件培训材料和培训体系的质量标准。比如在对标准应用软件产品功能进行优化或者在引入新产品之前，中心需要进行多次测试。中心既能为联邦国防军装备、信息技术和使用局提供人力和物资支持，也可以派遣专家到相关单位进行大范围的培训工作。

联邦安全政策学院

联邦安全政策学院（Bundesakademie für Sicherheitspolitik）始建于1992年，主要任务是受联邦安全委员会委托，对联邦、各州以及重要的私人安全部门专业人才开展培训工作。学院院长由外交部和国防部遴选人员轮流担任。学院的管理工作归由联邦国防部负责，业务方面则由外交部负责。

学院参谋部由研究处和支援处组成，研究处人员来自联邦安全委员会，支援处人员来自联邦国防部。学院董事会由联邦安全委员会成员组成，包括外交部长、内政部长、司法部长、财政部长、经济和科技部长、国防部长、经济合作与发展部长，联邦总理担任董事会主席。

联邦安全政策学院工作的最大特点是跨学科性和以实践为导向，最终目的是促进政治、科学、经济部门以及社会各界对于国家和国际安全政策的共同理解。学院目前的主要工作包括三大领域：

其一，公共话语和交流。对于公共话语和交流的重视是学院的一大创新，主要目的是通过传统媒介、网络互动、社交媒介、民众对话以及支持安全政策后备人才培养等手段，使得民众参与安全政策对话，这也成为学院学术工作的重要支柱之一。

其二，学术。学院学术活动的重点是研讨会，但是采用了新的设计形式。如安全政策研讨会往往会被设计成为期3个月的核心研讨班，主要是全面介绍安全概念，加深对全球化的理解，促进参与者对战略层面安全的全面理解。学院新设立的政府、科学、经济和社会杰出管理人员研讨班往往就某一与未来相关的安全政策主题进行研究，通过研学等方式从战略视角进行共同讨论。

其三，专题活动与国际合作。学院每年都会举办多场交流活动，参与人员高达5000人次左右。作为未来安全政策和战略问题的交流平台，这些活动能够促进专家、决策者以及公众之间的观点交流，加强互信。

第五章　中央卫勤部队

中央卫勤部队是联邦国防军第二支跨军种联合部队，成立于2000年，目前编制约2万人。中央卫勤部队的最高指挥官为中央卫勤部队监察长，他和副监察长共同组成了中央卫勤部队的最高指挥层。监察长授中将军衔，副监察长和参谋长授中将军衔。

中央卫勤部队（Sanitätsdienst）是联邦国防军三大跨军种联合部队之一，始建于2000年10月1日，现有编制约2万现役军人（其中约8千女性）和大约1.4万被任命的预备役。

中央卫勤部队的职能是保护、维持和恢复官兵的健康，即利用其力量和手段，保证国内外官兵的医疗补给和评估，尤其是执行海外派兵任务的官兵所面临的健康风险；使命是为在国外工作时患病、受伤以及遭遇事故的军人提供与国内同等标准的医疗服务。其具体任务包括：

• 在和平与承担行动任务时为联邦国防军官兵提供医疗服务，执行海外军事行动任务时的医疗标准要符合德国国内标准；

• 从军事行动或者演习中撤回伤病员；

• 为卫勤人员提供医疗培训和进修；

• 为救灾或者特别行动等民事任务提供协助；

• 参与公共救护服务（例如提供急救医生、护理人员、紧急救护人员等）；

• 受联邦政府委托参与国外人道主义援助，生产、存储和分配药品和医疗材料；

• 军事医学研究；

• 实验室研究；

• 参与资格认证考核。

中央卫勤部队的指挥机构是联邦国防军卫勤部队司令部，其下设卫勤行动支援司令部、地区卫勤支援司令部和联邦国防军勤务学院，此外还包括医院、监控处、中心研究所和预防医学研究所等。

卫勤司令部

卫勤司令部（Kommando Sanitätsdienst der Bundeswehr）始建于2012年10月1日，总部位于莱茵兰·普法尔茨州的科布伦茨地区，是中央卫勤部队高级司令部机关，也是中央卫勤部队监察长的参谋部，负责联邦国防军中央卫勤部队的部队指挥和专业指挥工作。司令部现有编制约600人，其下辖机构编制1.9万人。

卫勤司令部司令由中央卫勤部队监察长担任，监察长有4位重要助手，分别是副监察长、卫生机构指挥官、参谋长和司法顾问。参谋长所领导的参谋部是司令部的运行中枢，其下辖特别参谋部、传媒信息中心、参谋本部以及3个局。1局为卫生服务计划、指挥控制局，下设7个处，分别是卫勤计划发展及国际合作处、防御/人类/个人医学处、牙医处、兽医处、药学/食品化学处、防御医学/健康保护和促进处、卫勤行动指挥处。2局为组织、资源储备、医疗补给支援局，下设基础设施组织处、人事管理和个人培训处、装备/后勤和信息技术处、行政处。3局为医院管理和医疗机构管理局。

卫勤行动支援司令部

卫勤行动支援司令部（Kommando Sanitätsdienstliche Einsatzunterstützung）始建于2013年1月1日，总部位于萨克森·安哈特州瓦尔斯菲尔斯（Weißfels）地区，司令部机关编制约200人，下辖部队编制约4800人。

卫勤行动支援司令部是卫勤部队的指挥司令部，为联邦国防军海外军事行动及类似任务提供支援，因此也是联邦国防军卫勤部队承担军事行动任务单位的领导机构，负责军民合作、国际和国内卫勤演习支援任务。

卫勤行动支援司令部下设6个处、4个团和3个中心。6个处分别为人事/后备力量/信息工作处、军事安全和情报处、计划/命令/行动处、后勤支援处、通信/信息技术和指挥支援处、行政处。4个团分别为第1卫生团、第2卫生团、第3卫生团以及卫生教导团。3个中心分别为布兰肯堡（Blankenburg）医疗物资补给和维修中心、普丰施塔特（Pfungstadt）医疗物资补给和维修中心、库安肯布吕克（Quankenbrück）医疗物资补给和维修中心。

卫勤教导团

卫勤教导团（Sanitätslehrregiment）始建于2003年7月，总部位于菲尔特基尔新（Feldkirchen），隶属于卫勤行动支援司令部。卫勤教导团承担的任务原则上与卫勤团一致，如下辖部队指挥、军事行动中的2类卫勤任务、抢险救灾中的卫勤支援、派遣部队参与国外军事行动或者类似任务。此外，卫勤教导团还是联邦国防军卫勤部队的训练部队，负责基本训练以及军事行动培训中的核心科目。

卫勤教导团下设8个连和1个中心。

1连为参谋补给连，主要负责协助团长的日常指挥工作，此外还负责补给和后勤的对外合作。1连分为指挥部、参谋部及5个排，分别为补给排、运输排、技术排、卫勤物资排、勤务卫生排等。

2连为运输连，主要负责德国和多国部队官兵的驾驶培训工作，驾驶车辆包括装甲卫勤车以及重型装甲卫勤车，包括"狐"式、"牦牛"（YAK）、"鹰"IV（EAGLE IV）以及"拳狮犬"（GTK BOXER）等型号战车。此外，2连也参加不同类别的展示和演习工作，并提供1类机动能力服务——补给和伤员运输。

3连的核心任务是救援中心的建设和运营，支持培训、演习和展示，在多国演习时主要负责士兵的训练和演练。3连也负责整个卫勤官兵医疗设施建设和运营方面的培训。

4连的核心任务为救援中心以及救援站的建设和运营、一般性和紧急医疗护理之后的紧急外科护理，同时也为本国和国际代表团的展示提供支援。

5连的核心任务是空降救援中心的建设和运营。空降救援中心是2级空中机动医疗机构，往往与需要支援的部队共同参与军事行动，其核心能力是紧急外科手术以及高级医疗服务。

6连和7连为基本训练连，每个连可以为192名新兵提供卫生勤务基本军事训练，训练由2个月的基本模块以及1个月的补充模块组成。此外，6连还为后备军医提供3个月的一般性军事基础训练。

8连为预备役连，主要为卫勤部队的训练、演习和军事行动提供支援，尤其是在承担军民合作抢险救灾任务方面。

军事行动训练和演习中心的主要任务包括：

- 为参与联邦国防军危机干预和冲突预防等军事行动的卫勤部队提供针对性培训工作；
- 为国内和国际病员疏散协调小组提供课程培训；
- 在团队训练战术伤员护理框架下为卫勤人员提供培训。

第1卫勤团

第1卫勤团（Sanitätsregiment 1）始建于2015年，总部位于柏林瓦尔斯菲尔斯地区，编制约1000人。第1卫勤团主要负责为危机管理和冲突预防、国土和集体防御、人道主义援助以及类似军事行动提供卫勤支援。具体任务包括提供地面伤病员运输部队、空中伤病员运输人员、卫勤工作基础训练、面向全球军事行动的伤员消毒设施等。因此，该勤团配备的是以集装箱和帐篷为主的1类（紧急医疗护理）至3类（军事行动野战医院）卫勤设施。除上述任务之外，第1卫勤团还为联邦州的区联络司令部及县联络司令部、在大学学习的候补军医、正在接受培训的急救护理、护士、外科助理等人员提供卫勤指导。

第1卫勤团下设2个基地，团参谋部及部分机构位于瓦尔斯菲尔斯的萨克森·安哈特军营，柏林指挥部以及培训和模拟中心位于柏林克拉道夫（Kladow）地区的布吕歇尔（Blücher）军营。按照计划，从2020年开始，第1卫勤团将设4个救援站、2个救援中心、1个伤员消毒机构以及1个配备180张床位的军事行动野战医院，伤病员运输则配备了装甲和非装甲山地军用运输工具。

组织架构方面，第1卫勤团下辖11个连和1个训练与模拟中心。1连和6连为参谋补给连，主要为指挥支援、勘察、运输、物资管理、卫勤物资补给等提供补给和支援。此外，1连还负责尚在大学学习阶段的候补军医的指导工作。

2连和7连为伤病员运输连，主要保证伤员的陆路运输；伤员空中运输的医疗陪护，包括病号、伤员在运输期间的医疗护理；救助站1级护理、高级别医疗机构2、3、4级护理。

3连和4连以及8连和9连主要负责医疗设施的运营，并在此基础上提供紧急外科、医疗、精神、牙科以及口腔科2级和3级护理服务。

11连为基础训练连，主要负责联合支援部队官兵的基础训练，使其适应危机预防和冲突管理等军事行动的基本要求。

5连和10连为由预备役组成的军民合作卫勤连。

训练和模拟中心位于柏林，主要根据危机预防和冲突管理军事行动训练方案和基本医疗服务能力方案进行基础性军事训练，也负责护理人员和急救人员的培训工作。

第2卫勤团

第2卫勤团（Sanitätsregiment2）位于赖讷洛德（Rennerord）和科布伦茨地区，编制约900人。该团主要负责维稳行动中的救援中心、野战医院等3级医疗机构的运营。

团长主要负责部队的日常指挥工作，同时负责保证下辖部队的训练和演习质量，并确保其做好军事行动准备。此外，该团还负责训练和模拟中心的指挥及业务工作，保证其按照规定完成训练任务。候补军医的指导也属于第2卫勤团的业务领域之一。在军民融合方面，第2卫勤团在县、区司令部层面通过现役和非现役部队，确保卫勤军民融合基地发挥作用。

在应对危机预防和冲突管理等海外军事行动以及国内行动方面，第2卫勤团需承担卫勤部队指挥、2级和3级卫勤设施运营、伤病员陆上运输、伤病员空中运输陪护、军事行动卫勤支援等任务。此外，第2卫勤团还是冲突预防和危机管理以及类似使命的管理机构，负责提供必要的团队、培训和演练组织、指挥所等。

第2卫勤团还与上级机关一起，根据训练、演习以及军事行动框架，与医疗卫生机构、军事行动卫生队、医疗物资补给和维护中心以及需要卫勤支援的部队开展多方面合作。

组织架构方面，第2卫勤团下辖11个连和1个训练与模拟中心。

1连和6连是补给支援连，负责全团的补给工作，包括人员和物资运输、物资采购和管理、通信和信息技术基础保障、药品等后勤补给。除了承担传统的参谋和补给连任务之外，1连和6连还负责卫勤方面的特殊任务。

2连和7连为伤病员运输连，负责伤病员运输、机动救助站紧急手术等，为此还配备了必要的助手人员、紧急医疗物资、救助站等。如果是海外军事行动中的救助站，需配备相应的紧急医疗人员。如果是服务于国内行动，两个连则主要负责医疗人员专业能力培训以及军事行动物资准备。因此，2连和7连也是1类和2类医疗服务之间的重要环节。

3连和8连作为救助中心，负责在必要情况下提供人力和物资准备，最终形成救助中心形式的2级护理能力。这些治疗机构可以进行全面的防休克、紧急外科手术、有限的高级诊断和重症监护治疗、病人和伤员一般性护理等医学干预。此外，3连和8连还配备帐篷、集装箱，可以根据需要进行快速扩展，以便根据形势提高其持久能力。

4连和9连作为医疗救助医院，其提供的伤病员救助服务符合国内县级医院的专业标准，服务内容包括门诊急诊护理、伤病员住院治疗以及较大的手术等。此外，野战医院还有额外的重症监护能力以及可以容纳180名病人的护理站，因此，4连和9连也成为联邦国防军海外医疗救助质量最高的机构。如果出现重度或者慢性疾病与伤病，可以通过空中战略运输将其运回联邦国防军国内医院，以便进行后续医学处理。在此期间，4连和9连可以通过远程医疗将相关数据传送到国内的联邦国防军医院。

5连和10连主要负责为上级部队的军事行动准备提供保障，如为现役部队的训练、演习、海外行动提供支援，并承担军民融合基地角色，同时参与国内救助行动。

11连为基础训练连，负责联邦国防军中央卫勤部队拟升职军官的基本训练，同时也负责海外军事行动的高级卫勤训练。

第2训练与模拟中心负责为救助助手、参与军事行动的军医提供卫勤专业训练和进修工作，或者急救人员的培训。军事基本训练包括军事行动中的战术伤员护理以及中期着陆特殊训练。

第3卫勤团

第3卫勤团（Sanitätsregiment 3）始建于2014年11月17日，总部位于道恩施塔特（Dornstadt），编制约900人。该团是面向海外军事行动的部队，负责为海外行动提供人员和物资支持，最终目的是保障海外军事行动中的医疗补给。此外，该团还负责为海外军事行动进行人员专业化训练。第3卫勤团包含野战医院3级卫勤服务的所有救助环节，且其规模质量全部符合国内县级医院的水平。在军民合作方面，该团主要负责与德国南部地区的地方对口单位协同行动。

组织架构方面，第3卫勤团下辖9个连和1个训练与模拟中心。

1连和6连是补给支援连，负责全团的补给工作，包括人员和物资运输、物资采购和管理、通信和信息技术基础保障、药品等后勤补给。除了承担传统的参谋和补给连任务之外，1连和6连还负责卫勤方面的特殊任务。

2连和7连为伤病员运输连，负责伤病员运输、机动救助站紧急手术等，为此还配备了必要的助手人员、紧急医疗物资、救助站等。如果是海外军事行动中的救助站，还需配备相应的紧急医疗人员。如果是国内行动，则两个连主要负责医疗人员的专业能力培训以及军事行动的物资准备，因而成为正在向2级救助中心方向发展的重要救助环节。

3连和8连作为救助中心，负责在必要情况下提供人力和物资准备，最终形成救助中心形式的2级护理能力。这些治疗机构可以进行全面的防休克、紧急外科手术、有限的高级诊断和重症监护治疗、病人和伤员一般性护理等医学干预。此外，3连和8连还配备帐篷、集装箱，可以根据需要进行快速扩展，以便根据形势提高其持久能力。

4连和9连作为医疗救助医院，其提供的伤病员救助服务符合国内县级医院的专业标准，服务内容包括门诊急诊护理、伤病员住院治理以及较大的手术等。此外，野战医院还有额外的重症监护能力以及可以容纳72名病人的护理站，因此4连和9连也成为联邦国防军海外医疗救助质量最高的机构之一。如果出现重度或者慢性的疾病与伤病，可以通过空中战略运输将其运回联邦国防军国内医院，以便进行后续医学处理。在此期间，4连和9连可以通过远程医疗将相关数据传送到国内的联邦国防军医院。

第3卫勤团训练和模拟中心负责为急救人员、参与军事行动的军医提供卫勤专业训练和进修工作，或者急救人员的培训。军事基本训练包括军事行动中的战术伤员护理以及危机预防和冲突管理框架下面向海外行动的训练工作。

地区卫勤支援司令部

地区卫勤支援司令部（Kommando Regionale Sanitätsdienstliche Unterstützung）始建于 2013 年 1 月 1 日，总部位于莱茵兰·普法尔茨州迪尔茨（Diez）地区，编制约 150 人。

在联邦国防军的转型过程中，联邦国防军的编制体制经历了多次调整，在这种条件下，为了保证德国国内门诊不同科室的医疗护理质量，中央卫勤部队也对自身的卫勤护理业务进行了调整。2012 年，中央卫勤部队监察长签发的地区卫勤支援方案决定建立一个能力司令部，确保联邦国防军卫勤机构的人力保障，同时将部队的训练和演习支援服务归入军事行动卫生中队，这也是地区卫勤支援司令部成立的主要原因。

地区卫勤支援司令部的主要使命包括实施免费医疗、为部队训练和演习提供支援、提供卫勤部队等。

其一，免费医疗。联邦国防军实行免费医疗服务，这对于提升军人职业的吸引力产生了积极的影响。除联邦国防军医院之外，地区卫勤支援司令部是德国联邦国防军免费医疗的主要载体。免费医疗服务包括用于健康维护、健康危害预防和早期发现、疾病治疗的所有项目，且涵盖药物、绷带等实物服务。

其二，部队训练和演习支援。地区卫勤支援司令部还负责为部队训练和演习提供支援，其内涵广泛，包括联邦国防军官兵的作战救援人员训练。该司令部每年为 14 万人次的联邦国防军官兵提供训练支援，包括为部队的训练计划提供医疗支援。在举行大规模演习时，司令部也需成立战术部门参与其中并提供医疗保障。

其三，提供卫勤部队。地区卫勤支援司令部还为联邦国防军海外军事行动以及类似行动提供 1 类护理部队，负责军事行动中救助站的运营工作。此外，司令部及其下辖机构还为军事疏散、危机支援小组、飞机乘员等护送伤病军官的行动和个人提供医疗护理保障。

地区卫勤支援司令部的下辖单位包括 13 个卫勤支援中心和联邦国防军运动医学中心。卫勤支援中心分别位于奥古斯特道夫、柏林、考赫姆、埃尔福特、哈梅尔伯格、基尔、科隆—瓦恩、库美尔布吕克、慕尼黑、蒙斯特、新布兰登堡、斯特滕、威廉港等地区。上述中心还下设 13 个军事行动卫生中队、15 个专业卫生中心和 128 个卫勤补给中心。

联邦国防军卫勤学院

联邦国防军卫勤学院（Sanitätsakademie der Bundeswehr）始建于 1997 年，总部位于慕尼黑，其前身是 1956 年建立的联邦国防军卫勤部队学校。

卫勤学院是联邦国防军研究、发展、训练以及核生化医学防护能力中心，在此基础上为联邦国防军的海外军事行动奠定坚实的医疗基础。卫勤学院以"忠于人性"为准则，面对安全环境和医学发展的挑战，通过与民间及军事教育和科研机构开展国际合作，不断提高自身业务水平。

卫勤学院的具体任务包括 4 个领域，分别是：

- 医学研究；
- 卫勤方案、能力和技术发展；
- 联邦国防军卫勤官兵培训；
- 核生化医学防护。

卫勤学院隶属于科布伦茨卫勤司令部，由学院参谋部、联邦国防军医疗服务训练教学办公室、防务医学及卫勤能力发展办公室以及 4 个研究所组成。学院参谋部分为 5 个部门，分别负责人事和公共事务（S1）、军事安全（S2）、作战/军事行动及组织训练（S3）、后勤（S4）、指挥（S6）。医疗服务训练教学办公室下设 4 个处，分别是教学和医疗服务处、训练计划处、中心训练管理处、训练和教学运营处。防务医学及卫勤能力发展办公室下设3个处，分别是防务医学研究发展处、核生化医学防护处、能力形势/能力和知识管理/继续发展处。

除了上述机构之外，卫勤学院还下设4个研究所，分别是放射生物学研究所、微生物学研究所、药理学和毒理学研究所以及预防医学研究所。

卫勤快速反应司令部

卫勤快速反应司令部（Kommando Schnelle Einsatzkräfte Sanitätsdienst）始建于2003年4月1日，总部位于里尔（Leer），编制约1700人，隶属于卫勤支援司令部。

卫勤快速反应司令部专门负责联邦国防军的海外军事行动。凭借受过全面培训的专业人员和专门用于海外行动的医疗物资，卫勤快速反应司令部能够保证按照国内标准为世界各地的联邦国防军官兵提供医疗服务。司令部的具体任务包括：

- 救援和疏散行动补给；
- 为快速反应师提供支援；
- 为北约快反部队提供医疗部队；
- 为欧盟快反部队提供医疗部队；
- 参与人道主义援助；
- 军事行动区域的伤病员运输；
- 人道主义援助框架下的行动指挥。

司令部由位于总部里尔的5个军事行动连以及训练和模拟中心组成。1连为补给连，其余4个连为军事行动连。训练和模拟中心主要负责训练工作，下设德尔门霍斯特与汉堡两个分中心。前者负责卫勤部门官兵的海外行动准备，也被称为"绿色部门"，任务包括伤员护理、特殊射击训练、地雷探测、设置检查站、军事专业人员培训等；后者一方面负责卫勤人员培训，另一方面也对急救人员进行初始培训。

联邦国防军医院

联邦国防军共设 5 所医院，分别位于乌尔姆、柏林、韦斯特施泰德（Westerstede）、汉堡和科布伦茨地区，每所医院都可以收治地方病人。

乌尔姆国防军医院

乌尔姆国防军医院始建于 1968 年，现有床位 496 张，工作人员 1571 人，其中医生 286 人。

乌尔姆联邦国防军医院是德国南部唯一一所联邦国防军医院，是联邦国防军医疗服务的旗舰机构。除了妇科、儿科以及心脏外科手术之外，几乎可以提供所有学科的高水平诊断服务。

柏林联邦国防军医院

柏林联邦国防军医院始建于 1991 年，现有床位 367 张，工作人员 1340 人，其中军人 870 人。2016 年住院达 1.1 万人，此外还有近 10 万病人到门诊就医。除了接收联邦国防军和地方病人之外，该医院还负责联邦政府和德国议会成员的治疗工作。

韦斯特施泰德联邦国防军医院

韦斯特施泰德联邦国防军医院始建于 2008 年 6 月，是德国西北地区最大的军事医疗机构。医院现有床位 135 张，工作人员 407 人，其中医生 116 人。

汉堡联邦国防军医院

汉堡联邦国防军医院始建于1958年,医院现有床位307张,工作人员780人,其中医生250人。

科布伦茨联邦国防军中心医院

科布伦茨联邦国防军中心医院始建于1957年7月2日,现有床位506张,工作人员1485人,其中医生324人。该院是联邦国防军最大的专业化医院,主要任务是为联邦国防军伤员提供医护服务。

联邦国防军卫勤研究所

为了保证联邦国防军的身心健康,并对其所患疾病采取合适的医疗干预措施,联邦国防军建立了2个中心研究所和4个普通研究所,以进行合适的医疗方法研究。

联邦国防军预防医学研究所

联邦国防军防御医学研究所(Institut für Präventivmedizin der Bundeswehr)始建于2017年10月2日,隶属于联邦国防军卫勤司令部,总部位于科布伦茨,现有编制约200人。联邦国防军防御医学研究所主要扮演两个角色,一方面作为联邦国防军卫生信息中央档案馆和信息中心,另一方面为国防部进行预防医学研究。

预防医学研究所下设两个部，分别是健康和绩效促进部以及健康信息部。健康和绩效促进部是科研单位，主要针对联邦国防军重要的预防医学问题开展跨学科研究。健康信息部负责管理一个拥有超过 4000 万份健康记录的大型知识库，并将上述信息提供给医疗咨询与科学研究部门。

其一，健康和绩效促进部。健康和绩效促进部的主要研究者包括医生、生物学家、运动科学家、物理学家、心理学家等，他们相互合作，共同促进联邦国防军健康和绩效提高。

健康和绩效促进部根据研究重点不同，下设 5 个处，分别是应用健康促进处、身体机能处、心理能力处、人体工程学和服装处、医疗技术人体工程学和系统信息学处。

健康促进处的主要职能是为联邦国防军官兵制定适当的健康促进措施，并对健康行为的障碍以及激励手段进行研究，目的是应对当前数字化和科技化时代日常坏习惯导致的身体机能下降，减少慢性病的扩大化。

身体机能处主要针对当前海外军事行动中战场行军、伤病员救助等对联邦国防军官兵的健康、恢复力和耐力造成的挑战，通过实地和实验室研究来采取应对措施。具体采用的方法有人体测量、便携式测量系统（测量血液循环、呼吸以及新陈代谢等参数）以及专门开发的力量测量系统。研究成果包括数据库建设（个人健康档案）、人员选拔和训练建议、身体机能测试（基本体能测试和士兵基本健身）工具开发等。

心理能力处主要针对人的心理在工作绩效方面扮演的重要作用，进行心理状况早期识别及任职能力培养。主要手段有心理和生理学数据收集，如目光移动、反应时间、疲劳程度、身体和心理压力下的记忆力等。

人体工程学和服装处主要针对不同地区的地理环境以及当前军事威胁下必备的防护设备进行野外测试，并在环境模拟实验室进行现场仿真模拟实验。实验重点是热量和液体平衡测试（如体表和体内温度、汗液损失等）、血液循环、新陈代谢、身体机能变化等。在此基础上，人体工程学和服装处会就训练、作战以及身体冷却技术开发提出建议。

医疗技术人体工程学和系统信息学处主要针对新时代的复杂装备可能对官兵的健康和表现产生的影响，开发使用硬件和软件系统，如研究方法和调查工具、数据库管理系统等，目的是对联邦国防军官兵的生理和身体功能进行监测。

其二，健康信息部。健康信息部是联邦国防军医疗数据的中央长期档案馆，是围绕医疗信息服务和现有健康数据统计评估主题的服务提供者，提供可靠的、基于证据的部门健康信息和个性化医疗信息。根据职能不同，健康信息部下设5个处，分别是医学文件档案处、数字化健康文件管理处、患者信息处、流行病学和健康报告处、联邦国防军后续检查组织服务处。

医学文件档案处负责联邦国防军健康文件的法定存档工作。档案处拥有超过4000万条原始或者缩微胶卷健康记录，因而成为德国最大的医疗健康档案，甚至包括联邦国防军创立以来所有军人完整的健康记录。通过有针对性的归档概念和专门开发的档案管理系统，档案处可以及时提供所有健康信息，用于病人咨询、健康报告以及科学研究。档案处因而有一句名言，"好的归档无需查询"。

数字化健康文件管理处负责与其信息技术部门合作，开发健康数据和健康文献数字存档和使用的方案和流程。除了为个人医疗咨询提供数据之外，数字化健康文件管理处还可以为联邦国防军的训练和军事行动提供流行病学分析服务，作为决策和咨询的重要依据。

患者信息处是联邦国防军个人存档健康文献的中心咨询机构。该处遵循数据保护规定，针对相关人员或者机构的咨询履行法定授权，每年提供超过3万条资讯信息。此外，该处还对现役官兵的遇难情况进行医学评估和记录。

流行病学和健康报告处主要就出现的健康问题以及卫勤工作中做出的成绩向国防部、上级指挥部门以及卫勤健康机构提交报告，每年提交的报告数量可达 400 份以上。在医疗服务的数字化过程中，流行病学和健康报告处将在卫勤服务的继续发展中发挥重要作用。

在德国，每个因为职业原因不得不接触致癌物质、粉尘和辐射的人都有权利获得终身防范服务，联邦国防军后续检查组织服务处就是基于这一原则，为退役军官提供后续检查等医疗服务。

基尔中心卫勤研究所

基尔中心卫勤研究所（Zentrales Institut des Sanitätsdienstes der Bundeswehr Kiel）现有编制约 160 人，包括军人和文职人员。研究所主要负责为海军、联邦国防军医院、专业医生中心等机构提供支援。研究所下设 2 个处，分别是兽医学处和食品化学/生物化学处。兽医学处主要负责对食品、商品、动物饲料以及饮用和沐浴用水进行检查，检查方法涵盖微生物学、感官学、组织学、免疫学、分子生物学和寄生虫学测试。食品化学和生物化学处主要通过针对食品、商品和饮用水的检查确定预防性保健措施，服务范围包括化学毒理学检查、海军舰船水生产设施的检查。

慕尼黑中心卫勤研究所

慕尼黑中心卫勤研究所（Das Zentrale Institut des Sanitätsdienstes der Bundeswehr München）始建于 1985 年，现有编制约 180 人，包括军人和文职人员。研究所主要负责药学和食品化学研究，分为 4 个处，分别是医学处、兽医学处、食品化学和生物化学处、药物学处。

医学处主要从事微生物学、免疫学和卫生学等领域的研究工作，能够在不同的人体样本中确定感染因子，并制订相应的治疗方案。此外，医学处还设有黄热病疫苗处。

兽医学处分为食品检验、微生物学、营养培养基生产、寄生虫学等不同小组。食品检验组的研究重点是动物源食品的质量、组成和法规遵守情况。食品调查的重点集中在食物中毒的流行病学调查方面，如加强病源微生物及其代谢物的检测。对药品和原材料的微生物纯度及无菌检查是兽医学处的另一项任务。营养培养基生产部门负责营养基及试剂的生产、存储和提供。寄生虫学方面，兽医学处主要负责军犬的护理和治疗。

食品化学和生物化学处负责联邦国防军食品、化妆品和消费品的质量与安全。相关的检查工作通过食品、商品调查单位以及残留物和毒素分析机构进行。此外，该处还负责新型食品的开发工作。

药理学处分为3个小组，1组为药物测试小组，负责对联邦国防军库存药物的测试；2组为食品研发组，负责对于海外军事行动意义重大的药品保质期内稳定性的检验；3组为医疗产品检验组。

联邦国防军微生物学研究所

联邦国防军微生物学研究所（Das Institut für Mikrobiologie der Bundeswehr）的前身是1968年建立的联邦国防军卫勤部队学校微生物学实验小组，1984年更名为联邦国防军微生物研究所。其主要任务包括：利用专业知识和特殊诊断能力、方案，防止和恢复生物武器对暴露者健康的影响；为生物武器威胁状况、不明传染病爆发调查、生物武器的医学核查提供专业的快速反应部队；针对因为生物武器引起的健康障碍进行疾病管理、预防、监测和治疗研究，就生物武器裁军和军备控制向联邦国防部和其他部门提供建议。

联邦国防军药理毒理学研究所

联邦国防军药理毒理学研究所（Das Institut für Pharmakologie und Toxikologie der Bundeswehr）始建于 1984 年，主要负责化学医学保护研究。主要任务包括：提供特殊专家小组进行特殊诊断，并制定诊断原则和程序，防止和恢复化学武器对人体造成的健康损害；出现军事化学武器威胁或者需要对化学武器进行医学核查时派遣机动部队；就化学武器引起的健康障碍进行病理机制、预防、治疗和流行病学研究。

联邦国防军放射生物学研究所

联邦国防军放射生物学研究所（Institut für Radiobiologie der Bundeswehr）始建于 1980 年，其主要任务是核辐射保护放射医学。具体任务包括：提供专家诊断及相关原则、指导方针和程序，以防止和恢复辐射对人体造成的损害；为核威胁以及辐射暴露的医学核查派遣机动部队；针对因为核辐射以及非电离辐射造成的健康损害，进行病理机制、预防、检查、治疗和流行病学研究；根据国际原子能机构反映和援助网络框架，提供专家和机动工作人员。

联邦国防军运动医学中心

联邦国防军运动医学中心（Zentrum für Sportmedizin der Bundeswehr）成立于 2013 年，位于瓦伦道夫，其前身是联邦国防军运动医学研究所。中心隶属于联邦国防

军地区卫勤支援司令部，是联邦国防军运动医学、保健和康复调查、训练和研究中心。中心设在联邦国防军体育学校校内，除了对联邦国防军官兵运动医学问题进行专业检查、评估、咨询和治疗之外，中心还从运动医学的角度出发，依据运动医学应用研究框架，阐明联邦国防军运动方面的基本原理和存在问题。

联邦国防军卫勤监控中心

联邦国防军卫勤监控中心（Die Überwachungsstellen des Sanitätsdienstes der Bundeswehr）在德国境内设有4个监控处，其主要任务是在各自所负责的区域范围内执行法律规定的监控任务，具体包括卫生、传染预防、职业医学、兽医科学、食品/饲料和消费品安全、药物安全等。

联邦国防军卫勤部队北部监控站

联邦国防军卫勤部队北部监控站（Überwachungsstelle Nord）位于克龙斯哈根地区（Kronshagen），主要任务是石勒苏益格·荷尔斯泰因、汉堡、不莱梅和下萨克森4个州军事设施的卫勤监控。从组织架构上看，北部监控站下设4个处，分别是卫生与预防医学处、职业医学与职业保护医学处、兽医学处、食品化学和药学处等。

卫生与预防医学处为联邦国防军履行民事卫生部门的职责。除了负责医院、饮用水、洗澡水、基础设施和环境卫生等任务之外，该处还负责海港医疗、船舶卫生以及联邦国防军海外军事行动的预防医学护理，这一任务由该处与其余3个处共同完成。

职业医学与职业保护医学处负责对职业保护安全进行官方监管，保证遵守职业保护、环境保护及辐射保护领域的法律规定，同时符合联邦州商业医疗服务的要求，防止出现职业事故、疾病以及其他危害职业健康的现象。

兽医学处的主要任务包括食品和饲料法、动物保护法、动物卫生法等领域的自我贯彻执行能力。此外，该处还负责为联邦国防军供应食品的国内外公司进行审核，并承担监督联邦国防军在上述4个联邦州的服务犬服务。在海外军事行动中，兽医医生负责履行兽医总监职责。

食品化学和药学处主要负责食品和药品的安全监督。食品监督主要包括餐饮及相关设施，包括部队、医院、军舰的餐厅等，监督重点是食品来源、食品污染预防、员工卫生培训等。药学监督主要包括联邦国防军的医疗机构，如保健中心、医疗支援中心、医疗作战中队等，监督重点是药品的存储条件、存储位置、医疗器械管理等。

联邦国防军卫勤部队南部监控站

联邦国防军卫勤部队南部监控站（Überwachungsstelle Süd）位于慕尼黑，主要负责巴登·符腾堡州和巴伐利亚州军事设施的卫勤监控。从组织架构上看，南部监控站下设4个处，分别是卫生与预防医学处、职业医学与职业保护医学处、兽医学处、食品化学和药学处等。

卫生与预防医学处主要负责驻扎在巴登·符腾堡州和巴伐利亚州的联邦国防军及其基础设施的医疗卫生监控，具体内容包括医学卫生、传染病、饮用水卫生等。此外，该处还负责就卫生问题提供咨询、培训等服务。

职业保护医学处的职能与劳动监察机构的职业卫生服务类似，主要负责对医疗安全、环境保护以及辐射保护等方面的法律法规遵守情况进行监督。

兽医学处主要负责巴伐利亚州和巴登·符腾堡州食品和饲料法、动物保护法等法律法规落实情况。此外，该处也负责对联邦国防军服务犬业务开展监督。

食品化学和药学处根据德国食品和饲料法、德国药品和医疗器械法等法律法规，对位于巴伐利亚和巴登·符腾堡州的与药品、食品相关的业务进行卫生勤务监督，具体包括联邦国防军自身食品监测、餐饮供应商和制造商审核、药品和医用品监督、各种培训等。

联邦国防军卫勤部队西部监控站

联邦国防军卫勤部队西部监控站（Überwachungsstelle West）位于科布伦茨，主要负责在北莱茵·威斯特法伦、黑森、莱茵兰·普法尔茨、萨尔等州提供公共服务和咨询服务。从组织架构上看，西部监控站也分为4个处，分别是卫生与预防医学处、职业医学处、兽医学处、食品化学和药学处。

卫生与预防医学处负责饮用水、洗浴用水卫生以及联邦国防军基础设施内的日常卫生、联邦国防军医院等机构的卫生等，因此该处与预防和控制传染病有关问题的中心机构合作，同时还负责为健康监督员和卫生医师提供实习机会。

职业医学处负责医疗安全和环境保护的监督，同时还负责国家健康和安全法规执行情况的监督工作。

兽医学处负责对动物疾病进行监督和预防，同时对服务犬的服务能力进行检测。此外，该处还为食品化学和药学处的食品监督提供支持。

食品化学和药学处主要与兽医学处合作，对膳食部门的食品安全情况进行监督，同时对为联邦国防军提供膳食服务的公司进行资质认定。此外，该处还负责对医疗机构的药品及医学用品流通情况开展监督工作。

联邦国防军卫勤部队东部监控站

联邦国防军卫勤部队东部监控站（Überwachungsstelle Ost）位于波茨坦，主要负责麦克伦堡·前伯梅、布兰登堡、柏林、萨克森·安哈特、萨克森和图林根等州卫生和消费者保护、兽医学等方面的监督工作。从架构上看，东部监控站也分为4个处，分别是卫生与预防医学处、职业医学处、兽医学处、食品化学和药学处。

卫生与预防医学处负责饮用水、洗浴用水卫生以及联邦国防军基础设施内的日常卫生、联邦国防军医院等机构的卫生等，因此该处与预防和控制传染病问题的中心机构开展合作。

职业医学处负责医疗安全和环境保护的监督，同时还负责国家健康和安全法规执行情况监督工作。

兽医学处从兽医和食品卫生的角度监测联邦国防军的食品和商品流通、动物保护和动物疾病预防；检查服务犬的工作能力，确保其饲养情况和法律保护。此外，该处代表食品和药物管理局从食品卫生和兽医的角度审查联邦国防军的食品供应业务，并对责任区内的餐饮和护理设施进行调查和咨询。

食品化学和药学处从食品化学的角度检查餐饮和护理设施中的食品安全，防止存在欺诈行为。此外，该处还负责监督医疗设施中的医疗产品和医疗设备流通情况。

第六章 网络和信息空间部队

网络和信息空间部队是联邦国防军第三支跨军种联合部队,成立于2017年,目前编制约1.3万人。网络和信息空间部队的最高指挥官为网络和信息空间部队监察长,授中将军衔,参谋长授少将军衔。

早在 2010 年，北约的战略规划就曾指出，未来逐渐互联的信息世界将会面临国家和非国家行为体病毒、木马、APT 等多种手段的攻击，这将给其成员国的重要信息基础设施带来严重威胁，并影响到其经济和社会的正常运转。当前，德国的政府、经济、科学、科学等机构正面临网络威胁的挑战，而且随着科技的发展，常规武器已变得非常规化，高科技武器系统将逐渐统治战场，电子战能力是在未来战争中谋求生存的绝对需要。德国 2016 年 4 月发布的《建立网络和信息空间参谋部报告》指出，复杂的网络袭击要求德国提高国家的行动能力，以保护其民主制度和经济基础。作为维护国家安全的重要力量，联邦国防军必须提升其在德国安全架构中的作用，更好地应对网络和信息空间的威胁。为了实现这一目的，德国于 2017 年 4 月正式成立了网络和信息空间部队——网络和信息空间司令部（Kommando Cyber-und Informationsraum），下辖战略侦察和信息技术 2 个司令部以及一个地理信息中心，构成了联邦国防军的第 3 个跨军种联合部队。

网络和信息空间司令部的具体任务包括：

• 通过共同形势中心为联邦国防军及其他部门提供网络和信息空间形势报告；

• 负责网络和信息空间的继续发展和人员培训，并满足网络和信息空间的人力要求；

• 负责联邦国防军的信息安全；

• 负责领导其下辖的战略侦察司令部、信息技术司令部以及地理信息中心；

• 保证其能力、力量和手段能够满足联邦国防军所有作战和演习任务需要；

• 作为协调机构协调联邦国防军共同完成联邦国防军的网络和信息空间任务；

●保证网络和信息空间的国内和国际跨部门合作安全。

网络和信息空间司令部是信息化的产物，其需要面对的是高科技战争，因此必须提高技术水平，做好人才队伍建设。然而由于起步较晚，与美、英等盟国相比，德国的网络部队发展仍然相对滞后。除了完善网络空间部队的组织架构之外，联邦国防军一方面通过职业升迁等手段招揽人才，另一方面通过现有人员的能力培训提高部队官兵水平。根据国防部计划，慕尼黑联邦国防军大学已从 2018 年开始开设国际网络课程，并每年培养约 70 名毕业生。随着人员储备的逐渐丰富和技术水平的不断提高，德国网络空间在应对网络攻击、混合战争等方面必将扮演重要角色。

战略侦察司令部

战略侦察司令部

战略侦察司令部（Kommando Strategische Aufklärung）成立于 2002 年 1 月 17 日，是新成立的联邦国防军网络和信息空间司令部三大组成机构之一，总部位于戈尔斯道夫（Gelsdorf）。

战略侦察司令部是联邦国防军风险早期预警以及军事行动支援的情报提供者，其目的是为决策机构及相关人员提供及时、可靠的情报。司令部的任务和能力包括卫星图像侦察、通讯和电子侦察、电子战、目标分析等。基于上述能力所获取的信息经过相互整合，形成建议、报告，最终生成满足需求的成熟情报产品，为联邦国防军的派兵任务提供更好的军事情报支援。

战略侦察司令部的服务对象既包括本土部队，也面向海外部队。此外，司令部还是德军军事情报的标准制定者。根据力量、手段和责任的整合原则，联邦国防军军事情报部门的所有情报都要汇集到战略侦察司令部。战略侦察司令部的下属机构包括声像情报侦察中心、电子战评估中心、联邦国防军战略侦察学校、电子作战营等，它们共同为联邦国防军的指挥机构提供信息保障。战略侦察司令部的下属单位遍布全德，这也反映了其所承担任务的复杂性和多样性。四大电子作战营主要负责近距离的情报侦察，其任务主要集中于联邦国防军的海外军事行动。通讯侦察部队则利用其可以达到远距离的侦察手段，负责远程侦察。除了网络和信息空间侦察部队之外，战略侦察司令部还具备涵盖所有军种的军事情报发展能力，包括联邦国防军的课程培训以及地理信息等。

电子战评估中心

20世纪90年代末期，联邦国防军陆、海、空三军都成立了自己的电子战评估中心（Auswertezentrale Elektronische Kampfführung）。陆军电子战作战指挥中心位于莱茵兰·普法尔茨州艾佛尔小城道恩市海因里希·赫尔茨军营（海因里希·赫尔茨大街6号）。空军的电子战评估中心位于特里尔第70通信区，期间已经正式解散。海军电子战评估中心设在德国北部石勒苏益格·荷尔斯泰因州的弗伦斯堡海军第70通信参谋部。随着新军事变革的兴起，世界各国对于联合作战给予了高度重视，联邦国防军也特别强调军种协同作战中的情报共享机制，并于2013年3月14日成立了多军种电子战共同评估中心。

电子战评估中心关注的重点是对于联邦国防军领导和指挥层面的战略决策、对于保护联邦国防军作战部队意义重大的情报。为了更好地完成这一工作，中心为负责具体情报侦察工作的战略侦察司令部下辖电子作战营提供专业指导。在此过程中，通讯和电子侦察部负责对联邦国防军的情报需求进行分析，并将形成的侦察任务分配给电子侦察营。如果后者对于所需承担的任务存在疑问，通讯和电子侦察部要为其提供专业的指导意见。这一过程以复杂的数据通讯系统为基础，电子战评估中心将对其进行指导和监督。在侦察过程中，电子侦察营会根据需要或者定期以标准化的情报报告（INTREP）、形势报告（SITREP）、战术报告（TACREP）等形式向电子战评估中心提供当前的形势报告，并由中心对所获得的声像情报、公开源情报等侦察成果进行汇总评估，形成全面、及时、准确的形势报告，以提供给战略侦察司令部军事情报形势信息中心和联邦国防军军事情报部门的其他机构。如果侦察方面存在不足，电子战评估中心会向侦察部队分配深入侦察任务或者新的侦察任务，以弥补其侦察方面存在的漏洞。

第 911 电子作战营

联邦国防军第 911 电子作战营（Bataillon Elektronische Kampfführung 911）有着悠久的历史，其成立可以追溯到 1956 年联邦国防军成立时期。自诞生之日起，第 911 电子作战营就始终扎根在石勒苏益格·荷尔施泰因最北部的施塔杜姆县坦能堡 1 号，并通过信号捕捉手段对外国军队开展侦察活动。冷战期间，第 911 电子作战营的侦察对象以东部阵营国家的海军为主。随着国际安全形势的变化，该营目前的主要侦察对象是非对称威胁、准军事力量等行为体。

在联邦国防军的转型过程中，原本属于非机动部队的第 911 电子作战营已经转型成为半机动部队，下辖陆基机动信号侦察连与非机动信号侦察连。通过对全世界范围内的电磁信号开展全天候侦察行动，该营能够实现其"早于别人知悉"的情报侦察宗旨。目前，911 电子作战营的核心任务主要包括三大领域：

- 为联邦国防军海外军事行动提供电子战能力支援；
- 通过侦察中心和定位中心进行全天候的电磁侦察工作，为联邦国防军军事指挥层面的决策、联邦国防军作战部队所面临的威胁评估、政治领导层面针对侦察区域和利益区域的形势判断提供依据；

● 通过机动通信侦察为联邦国防军作战区域的危机预警提供支持，以保证本国部队和盟军的安全。

加入911营的联邦国防军军人，首先需要在1连——后勤和训练连进行为期3个月的基础训练，由此开启军人生涯，学习基本的军事技能。在训练初期，新兵以接受军人职业基本原则知识介绍为主，随后是基本队列、武器射击、战斗、执勤、卫生等方面的培训。在基础训练的第2个月，新兵需要参加公开的宣誓仪式，其家人也会应邀参加，与此同时还会举行阅兵式。基础训练结束时，新兵需要参加为期两天的知识、技巧及能力考核。基本训练结束后，他们会参加其他课程或者继续进修。

第912电子作战营

2003年9月17日，联邦国防军陆、海、空下辖的侦察部队整合为联邦国防军第912电子作战营（Bataillon Elektronische Kampfführung 912），并隶属于联合后勤部队，营区位于韦泽尔湖畔尼恩堡的克劳塞维茨军营。2017年，第912营正式归建联邦国防军战略侦察司令部。

912营的主要任务是通信和电子侦察，可以利用陆、海、空等全方位先进、专业的侦察手段，对军事行动区域和利益区域内的军事、准军事以及非对称力量对手开展侦察，了解其意图、力量调动以及武器系统和通信网络的部署等重要信息，为长期的形势评估以及可能的军事行动准备提供重要的情报保障。

912营下辖1个参谋部和4个连，官兵和文职人员总计600余人。1连主要负责评估、后勤和培训工作，一方面对其他连所获取的情报进行评估和处理，另一方面负责全营官兵的基础训练、其他兄弟单位装备的维护，保障其行动能力。2 连为海上侦察连，主要通过侦察舰对联邦国防军军事行动区域的海上、海下以及海岸情报进行侦察。3 连为空中侦察连，主要负责为空军的演习和军事行动提供必要的情报保障。4 连是陆地侦察连，主要通过车载系统对无线电波和雷达波进行侦察。

自联邦国防军执行海外派兵任务以来，912 营先后参加了阿富汗、马里、伊拉克等地区的军事行动。此外，该营还利用自身的机动装备以及专业人员为北约的巴尔干空中巡逻以及快速反应部队提供必要的支援，以保证联邦国防军及其盟军的人员安全。

第 931 电子作战营

联邦国防军第 931 电子作战营（Bataillon Elektronische Kampfführung 931）的前身是 1957 年在北威州贝尔吉施格拉德巴赫（Bergisch Gladbach）成立的联邦国防军第 225 通信侦察营。1965 年，225 营更名为第 51 通信营并迁址道恩（Daun）。在此之后，51 营又于 1974 年和 1992 年先后两次更名为第 940 通信营和第 940 通信团。2003 年，940 团更名为第 931 通信侦察部队，并转隶联合后勤部队。在联邦国防军军事变革和体制调整过程中，931 部队于 2011 年正式使用现名——第 931 电子作战营，并成为联邦国防军四大电子作战营之一。2017 年网络和信息空间司令部成立后，931 营归建联邦国防军战略侦察司令部。931 营目前编制约 900 人，大部分为来自德军各个军种的现役军人，此外还包括大约 100 名的公务员和地方人员。

931 营的主要任务是通过电磁侦察实现风险早期识别，为联邦国防军驻外部队提供保护，并对联邦政府感兴趣的危机地区进行监控。931 营的情报侦察包括信号探测、捕捉、标识以及评估等诸多环节，其获取的信息将会汇总到上级部门，作为后者形势判断的依据，并最终服务于德国的政治决策和联邦国防军的行动安全。

在海外军事行动中，931 营电子战专业人员可以通过"电磁钟"对敌人的无线信号进行干扰，防止其通过遥控引爆炸弹和地雷，进而给联邦国防军执行军事行动任务的部队造成威胁。

931营本部的专业人员也必须365天全天候作业，他们能够在道恩通过最先进的技术进行持续侦察，为全世界范围内的风险预警、冲突观察以及联邦国防军及其盟军的海外军事行动作出了重要贡献。

第932电子作战营

第932电子作战营（Bataillon Elektronische Kampfführung 932）位于黑森州的弗兰肯贝尔格，能够利用高度专业化的技术，对最先进的通讯和数据传递线路进行侦察和定位。作为近20年来多次执行过联邦国防军在波斯尼亚、科索沃以及阿富汗等国家和地区侦察任务的部队，932营无疑是联邦国防军海外军事行动经验最丰富的部队。

自成立以来，932营的主要任务就是利用信号捕捉侦察设备和方法对外国的武装力量开展侦察。随着信息和交流技术的不断发展，数据的传播技术和方法越发复杂，但是932营的最高目标还是为军事指挥层提供及时可靠的情报。

冷战结束以后，932营所面临的国际形势发生了重要变化。尤其是"9·11"事件以后，局部冲突、恐怖主义成为世界各国面临的新型威胁，932营的任务也更加复杂多变，1992年以来其已先后参加了联邦国防军在波斯尼亚—黑塞哥维那、克索韦以及阿富汗等地区的军事行动，通过对对手无线电信号的侦察和定位为维和部队的形势分析作出贡献。

随着联邦国防军军事变革的逐步展开，932营也进行了编制体制调整，从7个连调整为5个连，每个连的能力也发生了彻底的改变，并且更加专业化。1连主要负责基本训练和营的日常运行，2连负责对地方通讯进行机动电磁干扰，3连和4连负责对最先进的通讯线路进行机动侦察，5连主要负责通过受过专业培训的电子战人员对联邦国防军的特种部队进行支援。

联邦国防军战略侦察学校

联邦国防军战略侦察学校（Schule für Strategische Aufklärung der Bundeswehr）是联邦国防军军事情报人员及电子作战人员的中心培训机构，主要负责联邦国防军所有军种的军事情报人员课程培训，其中包括联合支援部队尤其是战略侦察司令部及电子作战营军事情报后备力量的培养。战略侦察学校还为陆、海、空等军种提供基础培训，并辅以各种不同的专业和深化课程。此外，学校还为北约和盟国的军事人员提供国际课程培训。每年大约有 4500 名学员参加战略侦察学校的近 300 种培训课程。

图像侦察中心

图像侦察中心（Zentrale Abbildende Aufklärung）成立于 2013 年 1 月 1 日，是网络和信息空间司令部的下属机构，通过卫星成像侦察技术为联邦国防军军事行动的形势评估、风险预警等提供支援。在联邦国防军的结构体制调整过程中，战略侦察司令部原图像侦察和目标处理部也转隶并入其中。自 2017 年 7 月日起，图像侦察中心成为网络和信息空间司令部的组成部分之一。

图像侦察中心负责世界各地情报事务的分析部门对不同侦察系统和传感器（雷达、电子光学、红外、多光谱等）的卫星图像进行加工、评估，并结合其他渠道的信息生成联邦国防军所需要的情报产品。作为图像资料主要来源之一的联邦国防军 SAR－LUPE 雷达侦察系统也可以供图像侦察中心使用。根据德法双边协议，图像侦察中心有权使用法国"太阳神"II 电子光学侦察系统的卫星图片。此外，中心也可以使用商业卫星图片以及欧洲卫星中心提供的资料。图像侦察中心还可以根据开放领空协议，通过航空图片分析为跨部门风险预防提供支援。

军事行动交流中心

军事行动交流中心位于莱茵兰·普法尔茨州的迈恩（Mayen）地区，目前拥有军人、民事人员超过 900 人，主要职能是在军事行动区域的联邦国防军和当地居民之间建立互信关系。

在当前国际形势下，政权垮台、非对称威胁、国家和非国家行为体以及网络化趋势使得联邦国防军所面临的安全形势更为复杂。得益于新型信息和交流系统的不断研发，信息获取加工过程几乎不受空间和时间限制，冲突地区发生的任何风吹草动都可以通过手机和社交媒介快速传播到世界各地，并产生广泛影响。

对于各个层级的军事决策而言，信息因素都不可或缺。作为承担联邦国防军军事行动交流任务的主要机构，军事行动交流中心使得联邦国防军有能力应对信息空间的各种挑战。

军事行动交流中心主要负责为联邦国防军及多国部队在不同地区的军事行动提供支持。其功能类似于民间媒体机构，对联邦国防军军事行动任务区域的形势进行分析，并通过印刷品、音频及视频资料或者因特网等媒介对目标群体开展宣传，随后对相关宣传手段的影响力展开分析，并以此为依据，对宣传的手段进行优化调整。

其一，军事行动交流中心的核心流程：分析、规划及效果监督。

对所获取的信息分析和评估有助于联邦国防军了解其军事行动区域的总体形势。为此，联邦国防军会有目的地去获取一些重要信息，如特定区域影响力较大的行为体针对特定话题的表态、媒体中的报道以及人们的反应等。中心分析人员必须对相关地区具备丰富的知识，具备较强的系统性分析和研究能力。除了为联邦国防军军事行动提供支援之外，中心还会根据国家风险预防需要，针对联邦国防军利益区域中的形势进行信息获取、分析和评估。

在对情报行为（信息行动）进行规划和指挥时，军事行动交流中心需要为指挥过程的各个阶段提供支援，保证在信息领域达到预期的效果。为此，行动交流规划者需要利用其全面的理解，制造合适的信息环境，为行动计划提供支援。在此过程中，分析者和效果监控人员之间需要开展紧密合作。

在开展行动期间以及之后，每一位军事指挥员必须能够以当前的形势状况为依据，对其采取的措施进行评估，并根据需要作出相应调整。军事行动交流中心会为其提供相应的监督和评估方法。以效果监督为例，联邦国防军会对 Titter、Facebook 等社交媒介进行评估，或者就军事问题进行问卷调查，从而得到公众对相关军事行动的态度，这将成为指挥过程中计划调整的重要依据。

其二，军事行动交流中心的交流特点：力量、手段和方法

联邦国防军行动交流中心为军事行动指挥官提供的分析、规划等服务，得益于一批受过专门培训的专业人员，他们通过在军事行动区域的交流，成为引导舆论的媒介和核心要素。一方面，他们开展直接交流，通过与当地居民进行有计划、有目的的交流，通过信息行动产生预期影响。要实现这一目的，这些专业人员必须明确其交流目的，了解交流对象的文化背景和特殊的交流习惯。他们需要能够在联邦国防军的军事行动区域内自由行动，以便能够接触一些特殊的群体。另一方面，他们也可以通过大众传媒和交流手段，如电视、广播、出版物和新型传媒等手段，远距离地对军事行动区域内的目标群体施加影响。此外，中心军事行动跨文化咨询部门的专业军官也能够为决策者的军事行动准备和实施提供文化特点方面的建议，并与当地的重要人物建立联系。所有这些力量、手段和方法都是提高联邦国防军在军事行动区域政治和军事目的被接受程度的重要因素。

联邦国防军技术侦察中央调查处

联邦国防军技术侦察中央调查处（Zentrale Untersuchungsstelle der Bundeswehr für Technische Aufklärung）的成立可以追溯到联邦国防军早期建立的电信和雷达站。在华约组织解体和德国统一以后，联邦国防军承担了大量的海外派兵任务，该站的职能范围也得到了很大拓展，并于1996年正式更名为联邦国防军技术侦察中央调查处。2002年战略侦察司令部成立以后，技术侦察中央调查处一直由其管辖。近年来，该处主要专注于为联邦国防军的海外派兵提供支持，为提高联邦国防军的生存能力做出了重大贡献。

信息技术司令部

联邦国防军信息技术司令部（Kommando Informationstechnik der Bundeswehr）始建于2013年1月1日，是在联邦国防军军事变革过程中建立起来的部队，其原本隶属于联邦国防军后勤内务部队，2017年7月1日之后转隶联邦国防军网络和信息空间司令部，正式归入网络和信息空间部队。信息技术司令部主要由原联合支援部队指挥支援部组成。此外，它还负责各军种局、联邦国防军原信息管理和信息技术局、联邦国防军信息技术学校发展等专业任务。

信息技术司令部

信息技术司令部下辖的信息技术部队主要负责联邦国防军军事行动区域内信息技术系统的建设和运营工作，

其下辖机构包括信息技术营、北约第 1 信号营，联邦国防军信息技术学校、联邦国防军网络安全中心等。司令部所配备的人员和物资能够保证德国、盟国信息技术服务的安全运营。

信息技术司令部是联邦国防军军事行动信息技术力量的最大派遣单位和认证机构。作为联邦国防军信息技术系统的主要管理单位，司令部负责联邦国防军军事行动、大规模演习等活动在信息技术和通讯技术等方面的安全保障，为联邦国防军提供重要的信息及技术服务。

此外，司令部还负责联邦国防军信息技术系统的作战能力，在出现信息技术风险时扮演核心角色，并作为专业机构负责联邦国防军指挥支援方案和联邦国防军相关培训方案的制订工作。

信息技术司令部由 4 个部组成，除了负责传统规划任务的指挥部之外，还包括 3 个专业部门，分别是联邦国防军信息技术发展部、作战部和培训部。因为目前波恩的基础设施尚未完全准备就绪，所以发展部和培训部目前还暂时位于巴特诺伊纳尔，作战部位于莱茵巴赫（Rheinbach）。

除了上述机构之外，信息技术司令部还下辖 1 个中心、7 个营和 1 所学校。

信息技术系统运营中心

联邦国防军信息技术系统运营中心（Betriebszentrum IT-System der Bundeswehr）于 2013 年 1 月 1 日成立，起初是联合支援部队下辖的独立单位，所在地为莱茵巴赫。2017 年 7 月 1 日，根据联邦国防军编制体制调整，信息技术系统运营中心转隶网络和信息空间司令部。

在联邦国防军承担频繁的海外派兵使命的情况下，信息技术系统运营中心对于保证联邦国防军在世界范围内的指挥能力起着至关重要的作用。中心的主要任务是通过网络行动中心国内基地（NOC B. I.）对联邦国防军在全球范围内的信息技术系统进行全天候监督,并对潜在的故障作出快速反应,为作战部队提供信息技术保障。该中心目前编制大约 700 名军人及文职人员,他们通过先进的管理手段以及故障排除方法保证了联邦国防军信息技术的安全。

资深德国军官/北约第一信号营德国分队

资深德国军官/北约第 1 信号营德国分队(Dienstältester Deutscher Offizier/Deutscher Anteil 1st NATO Signal Bataillon)是联邦国防军第 284 通信营改制以后的正式名称,它是德国网络和信息空间部队独一无二的通信部队,有着较强的国际背景,其成员来自北约的 10 个成员国。位于总部韦泽尔(Wesel)的北约通信部队的主体是 3 个作战营。其主要任务是为北约的军事行动和演习提供电话、因特网、卫星或者视频会议等技术。为了保证达到国际领先水平,分队也会采购民用系统。位于韦泽尔的参谋部最高领导为资深德国军官,其下辖一个训练营、一个加强连以及一个负责军事疏散及撤离行动的独立通信排。参谋部负责德国分队的指挥和服务工作,如在基础训练中为年轻军人传授基本术语和武器装备操作方法。在过渡阶段,为信号营下辖的德国连队提供受过全面培训的专业人员。

第 284 通信营成立于 2003 年。在联邦国防军编制体制调整过程中,该营的部分人员已经转隶到北约第一信号营。该营包括营参谋部、1 个维修补给连以及 6 个通信作战连。其中葡萄牙和丹麦的通信作战连位于其本土,英国通信作战连位于北莱茵·威斯特法伦州。

德国提供的 3 个连全部驻扎在韦泽尔,其主要任务是为北约演习和海外军事行动中的指挥能力提供通信保障,目前的重点是服务于联邦国防军在阿富汗的海外军事行动。它们是德国为数不多的能够在阿富汗南部战乱地区执行海外派兵任务的部队之一。此外,它们还设有维护部和密码部,这保证了其能够在极端困难的情况下完成使命。

第281信息技术营

第281信息技术营（Informationstechnikbataillon 281）是德国6个信息技术营之一，其机动部队负责为联邦国防军在全球范围内的军事行动提供信息技术网络保障。凭借其专业的技术人员和先进的信息技术系统，第281营在卫星通信、网络技术、服务器技术、加密机动通信、定向通信等方面都有着出色的能力。

第281信息技术营利用联邦国防军的信息技术系统，保证了联邦国防军在世界范围内军事行动的指挥能力，它是对联邦国防军海外军事行动远程控制和协调的核心要素。第281营总编制为700人左右，具体包括1个参谋部、5个行动连及1个参谋排。这一架构能确保其在完成新兵基础训练的同时执行更多的海外派兵和军事演习任务，同时完成信息交流任务，并为海外军事行动部队与国内基地的联系提供安全保障。

在行动连方面，1连负责供给和基础训练，并为281营提供物资和技术保障；2连至5连主要负责通信技术系统，其中2连包括机动通讯系统分队和服务器分队；3连负责联邦国防军的网络系统及加密技术；4连负责卫星通信；5连则负责高频无线电波、便携式无线电设备、卫星通信及视频会议系统等。参谋排主要为营长及其参谋部提供人力支援。

第282信息技术营

第282信息技术营（Informationstechnikbataillon 282）的前身是建立于1964年4月1日的第770通信营。在联邦国防军的发展过程中，第770营经过数次易名，2017年7月改编为第282信息技术营。

第282营利用专业的人才队伍以及无线电、卫星通信及移动通信系统等先进技术，保证了联邦国防军国内基地及海外军事行动区域的通信安全，同时也提高了联邦国防军及其盟军的指挥能力。在面向海外派兵的培训过程中，282 营的官兵为其可能面临的海外派兵任务做好了充分准备。除了本营人员之外，282 营也负责为联邦国防军其他部队的人员提供以海外派兵为目的的培训。此外，每个季度都会有一定数量的新兵来到 282 营接受培训，在基础训练结束之后再被分配到联合支援部队的不同单位。除培训、支援及军事行动任务之外，282 营还参与联邦国防军在全国范围内的救灾任务。

第 292 信息技术营

第 292 信息技术营（Informationstechnikbataillon 292）位于多瑙河畔的迪林根（Dillingen）。该营利用先进的技术平台如卫星通信系统、机动通信系统、联合支援部队的指挥及信息系统等为在国外执行军事任务的联邦国防军提供信息保障。292 营目前下辖参谋部、参谋排以及 5 个连。其中 1 连为补给连，2—5 连为行动连。第 292 信息技术营的编制约 730 人，包括来自陆、海、空等多个军种的官兵及文职人员。每个行动连都分为连指挥部、物资管理部门、技术部门、服务部门以及 3 个指挥支援排。3 个排分别运营一套连指挥支援系统。2 连一方面通过联邦国防军机动通信部队保证德国与北约之间的通信线路安全，另一方面利用分散式服务端提供多个服务器，保证演习和军事行动中的数据加密传输。3 连负责为联邦国防军指挥所提供可部署网络和 IT 平台。4 连专门从事信息传播，负责信息的加密传输。在 60 千米以下范围内，联邦国防军往往使用数字定向无线电传播，传播速率可以达到 34M/S。对于更远的距离，4 连可以使用联邦国防军的卫星地面站进行通信。5 连则利用集群无线电系统（TETRAPOL）技术和其他机动传输手段保证移动通信安全。

第293信息技术营

第293信息技术营（Informationstechnikbataillon 293）的主要任务是利用其专业知识、移动信息技术手段以及军事行动区域部队为联邦国防军提供信息补给，保证联邦国防军的联合作战和指挥能力。在演习和军事行动中，第293信息技术营将部分通信网络集中或者分散提供给用户使用，其任务重点是为进攻行动提供支援。第293信息技术营的主要移动通信系统包括：

• 集群无线电系统：用于加密语音和数据传输的数字手持无线电传输设备；

• 卫星通信系统（单通道、RBM、多通道）：用于语音和数据通信的卫星传播系统；

• 移动通信系统：联邦国防军移动通信系统，基于各种接入网作为承载网的网络标准的核心网；

• HF写入无线电：用于数据和语音传输的短波无线电；

• 联邦国防军可部署的接入网络：网络基础设施链接指挥所的电脑和IP电话，主要用于数据和语音交流。

第381信息技术营

第381信息技术营（Informationstechnikbataillon 381）成立于2006年7月，总部位于斯托尔科夫（Storkow），编制约650人，主要负责为联邦国防军的国内军事行动提供信息传递和信息处理等支援。该营目前下辖参谋部、参谋排以及5个连，其中1连为补给连，2—5连为行动连。官兵来自陆、海、空等不同军种。参谋部和参谋排主要负责为营长的全营指挥工作提供支援和建议。补给连负责全营的补给和训练，包括车辆和器械的维护和修理、物资运输和管理、弹药和食品供应，同时负责指挥支援系统的基本训练和专业培训。2 连至 5 连除了负责传统的全连指挥、物资管理和技术支持之外，每个连都可以利用服务台为用户的指挥支援系统提供服务。在具体分工方面，2 连利用移动通信系统和服务器为相关用户提供核心网络；3 连为指挥机构的安全通信提供网络和信息技术平台；4 连配备了覆盖全球的卫星通信系统，可以通过数字无线电中继器传输信息；5 连主要通过集群无线电和射频无线电以及视频会议设备，对各种通信手段进行完善。

第 383 信息技术营

第 383 信息技术营（Informationstechnikbataillon 383）始建于 2004 年 4 月 1 日，总部位于埃尔福特，编制约为 750 人。该营下设参谋部和 5 个连。参谋部直接对营长负责，分为不同的部门，包括人事（S1）、安全（S2）、计划/组织及培训（S3）、物资和补给（S4）、信息技术支持（S6）以及信息行动中心（EinsZentr IT）。

1 连为补给连，负责全营的膳食、弹药、消费品、车辆和器械维护与维修、物资运输和管理等。该连的另一项任务是基本训练。为了完成指挥支援任务，该连的联邦国防军移动通信系统管理部队以及军事疏散行动排都驻扎在韦泽尔地区。2 连至 5 连都是行动连，每个连下设指挥、物资管理和技术支援等部门，通过服务台为当前的信息技术系统提供各自的信息专家。2 连与 1 连的管理部队及其移动通信系统部队合作，为演习和军事行动提供信息技术网络。3 连是联邦国防军可部署网络和信息技术平台所在地，负责指挥部的通信安全。4 连负责联邦国防军在世界范围内的卫星通信，也可以通过数字无线电进行信息传播。5 连主要通过集群无线电和射频无线电以及视频会议设备，对各种通信手段进行完善。

联邦国防军信息技术学校

联邦国防军信息技术学校（Schule Informationstechnik der Bundeswehr）始建于 2006 年 9 月 28 日，总部位于佛尔达芬（Feldafing）。学校的主要任务是为联邦国防军培养信息技术专业人才。一方面，学校是联邦国防军指挥支援和信息技术人才的跨军种培训机构，根据需要进行相关人员培训；另一方面，学校根据不同军种、跨军种联合部队的规定，以信息技术培训规定为指引，通过军种联合课程和跨军种联合部队特色课程进行专业人才培养。

组织架构方面，学校的最高指挥官是校长，由少将军衔的军官担任。学校下设学校参谋部、教学训练处、支援处。副校长兼任教学训练处处长。目前已经并入学校的联邦国防军信息技术专科学校也由校长直接指挥。根据 2011 年 1 月的数据统计，信息技术学校共有 639 名官兵和 99 名文职人员。参训人员的课程时间长短各异，2010 年学校开设课程 107 种，参训人员达 6953 人。学校参谋部为校长的指挥工作提供支援，同时还负责学校所承担任务的指挥、协调和监督，同时也负责向下属部门分配任务。教学训练部下设 2 个教导营，分别负责信息管理和空军专业训练、信息传输和信息处理两方面的课程培训。支援处的官兵和文职人员根据任务不同归入不同部门，并承担运输、维修和补给等不同任务。中心事务处的官兵和文职人员主要负责住房、材料印刷等任务。

联邦国防军网络安全中心

联邦国防军网络安全中心（Das Zentrum für Cyber-Sicherheit der Bundeswehr）始建于 2017 年 4 月 7 日，总部位于奥尔斯基尔新（Euskirchen），编制为 185 名官兵和 117 名文职人员。

网络安全中心是保护联邦国防军网络和信息空间利益、信息技术服务和信息技术系统，进行网络防御信息安全目标保护的中心机构。中心与网络和信息空间司令部、联邦国防军首席信息安全协调管协调，代表联邦信息技术、网络和信息安全领域的利益。该中心的软件能力是联邦国防军网络能力未来中心的核心部分，也是联邦国防军软件使用、联邦国防军网络和信息空间软件环境开发的核心机构。预计到2021年，仅奥尔斯基尔新总部就将拥有600名高素质技术人员，全德范围内的人数将达到900名以上。

中心目前下设网络安全处和软件能力处。网络安全处主要负责联邦国防军的网络防御能力建设，对联邦国防军的国内外计算机网络的安全情况进行监控。如果出现严重的网络安全事件，该处下设的计算机紧急响应小组将会采取措施恢复网络安全，并协助联邦国防军纪律和刑事调查的计算机取证工作。该处还利用检查小组对联邦国防军网络和其他信息技术设施的弱点进行检查。德国国家分配处是联邦国防军加密系统的最高权力机构，为联邦国防军提供所需要的密钥手段。该手段对于需要加密保护的信息技术系统如军事飞行系统来说不可或缺。联邦国防军公共密钥基础设施信托中心为密钥、访问和身份管理提供电子证书。此外，信托中心还与联邦出版署合作，对联邦国防军电子工作证制作进行联合管理。德国军事安全认证机构会根据授权，检验联邦国防军所使用信息技术系统的安全性。联邦国防军辐射监测中心也会利用其经过联邦信息技术安全局认证的检验和审批实验室，检查信息是否会出现意外的电磁辐射，其最终目的是防止一些机密信息因辐射而出现泄密情况。

软件能力处参与联邦国防军信息技术系统开发的规划和实施。通过引入专业技术知识，能力处可以协调改善联邦国防军网络信息空间的软件环境，包括对软件和信息技术服务进行测试和一体化建设，最终为联邦国防军信息技术司令部及其部队提供信息技术支援。此外，软件能力处还为联邦国防军装备、信息技术和使用局的信息技术项目提供软件支援，包括提供经验丰富的高素质人才，也可以为指挥信息系统、指挥所和指挥车提供各种现代化的测试环境。在此基础上，该处可以对信息技术系统和软件服务进行仿真测试，以利于其进一步发展。

地理信息中心

地理信息中心始建于 2003 年 3 月 11 日，总部位于奥尔斯基尔新，编制 1000 人。该中心员工大部分都在总部奥尔斯基尔新工作，但是也有部分员工在菲斯滕费尔德布鲁克训练中心以及其他分支机构任职。该中心为联邦国防军所有部门提供所有必要的地理信息，涵盖生物学、人种学、遥感测量、水声学、水文学、绘图学、气候学、气象学、生态学、海洋学、摄影测量学等众多学科门类。其核心任务是联邦国防军地理信息领域的科学工作，包括相应信息的更新、为联邦国防军和北约部队提供天气预报等。此外，中心也会进行地图绘制及鸟群袭击概率计算。地理信息中心还会与部队合作进行野外营地建设，中心主要负责派遣专家，提供数据采集、测量、地质勘探等方面的支持。

参考文献

一、图书

1. 戴耀先：《论德国军事》，解放军出版社 2007 年版。

2. 戴耀先主编：《德意志军事思想史》，军事科学出版社 1999 年版。

3. 高树田等主编：《德国联邦国防军军医院发展研究》，人民军医出版社 2015 年版。

4. ［德］卡尔·海因茨等著，王鹏译：《德国军事史》，解放军出版社 2018 年版。

5. 邢来顺、吴友法主编：《德国通史》（卷6），江苏人民出版社 2019 年版。

6. 綦甲福等著：《德国情报组织揭秘》，时事出版社 2013 年版。

7. ［德］卡尔·冯·克劳塞维茨著，时殷弘译：《战争论》，商务印书馆 2016 年版。

二、报刊

1. 何其松："德国联邦国防军的转型及困境"，《现代军事》2005 年第 12 期。

2. 何其松："浅析冷战后德国联邦国防军的转型问题"，《欧洲研究》2006 年第 1 期。

3. 李乐曾："德国的新安全政策与联邦国防军部署阿富汗"，《德国研究》2010 年第 4 期。

4. 陆巍："德国 2016 年版《安全政策与联邦国防军未来白皮书》解析"，《德国研究》2017 年第 1 期。

5. 陆巍："防务一体化的'多速欧洲'实践：永久结构性合作框

架评析",《德国研究》2018 年第 4 期。

6. 马克·贝尔著,倪海宁译:"借冷战重生,重回世界舞台:德国联邦国防军 50 年",《国际展望》2005 年第 24 期。

7. 马克·贝尔著,倪海宁译:"冷战中重生的德国联邦国防军",《解放军报》2014 年 4 月 11 日。

8. 倪海宁:"德军改革背后的尴尬",《解放军报》2016 年 8 月 12 日。

9. 王程:"德国联邦国防军非战争行动及启示",《现代军事》2015 年第 10 期。

10. 熊炜:"论德国外交与安全政策中的角色冲突",《德国研究》2004 年第 4 期。

11. 张辉、邬进平:"揭秘德军王牌特种突击队",《中国国防报》2016 年 3 月 11 日。

12. 张敏:"联邦德国安全政策及其军队结构调整",《德国研究》1996 年第 4 期。

13. 郑春荣:"德国安全政策新动向分析",《欧洲研究》2017 年第 1 期。

三、网站

1. http://www.bmvg.de/.
2. https://www.bundeswehr.de.
3. https://www.deutschesheer.de.
4. https://www.luftwaffe.de.
5. http://www.marine.de.
6. https://www.streitkraeftebasis.de.
7. https://www.sanitaetsdienst-bundeswehr.de.
8. http://cir.bundeswehr.de.

图书在版编目（CIP）数据

德国联邦国防军/陆巍著. —北京：时事出版社，2019.6
ISBN 978-7-5195-0199-0

Ⅰ.①德… Ⅱ.①陆… Ⅲ.①军队史—研究—德国 Ⅳ.①E351.69

中国版本图书馆 CIP 数据核字（2019）第 041209 号

出 版 发 行：时事出版社
地　　　址：北京市海淀区万寿寺甲 2 号
邮　　　编：100081
发 行 热 线：(010) 88547590　88547591
读 者 服 务 部：(010) 88547595
传　　　真：(010) 88547592
电 子 邮 箱：shishichubanshe@sina.com
网　　　址：www.shishishe.com
印　　　刷：北京旺都印务有限公司

开本：787×1092　1/16　印张：15.25　字数：220 千字
2019 年 6 月第 1 版　2019 年 6 月第 1 次印刷
定价：98.00 元

（如有印装质量问题，请与本社发行部联系调换）